Rosamunda
Die Köchin ohne Fehl und Tadel

Rosamunda

Die Köchin ohne Fehl und Tadel

ISBN/EAN: 9783944350271

Auflage: 1

Erscheinungsjahr: 2013

Erscheinungsort: Bremen, Deutschland

@ Kochbuch-Verlag in Access Verlag GmbH, Fahrenheitstr. 1, 28359 Bremen. Alle Rechte beim Verlag und bei den jeweiligen Lizenzgebern.

Die Köchin ohne Fehl und Tadel;

oder

gänzlich zuverläßige Kunst,

ohne alle andere Anleitung innerhalb vier Wochen insbesondere treffliche, gesunde und schmackhafte Hausmannskost nebst feinen Gerichten und Backwerken bereiten zu lernen.

Das neueste und unentbehrlichste, auf vieljährige Erfahrungen begründete

Kochbuch,

welches zugleich auf jede Jahreszeit eingerichtete General-Speisezettel für Gesunde und Kranke, dann die Tranchirkunst enthält.

Vorzüglich den Frauen und Töchtern des deutschen Bürgerstandes geweiht

von

Rosamunda.

Vierte, verbesserte Auflage.

München, 1844.
Joseph Lindauer'sche Buchhandlung.
(C. T. F. Sauer.)

Vorwort
zur ersten Auflage.

Es giebt Legionen von Kochbüchern, allein es ist nichts mehr als eine strenge und leicht erweisliche Wahrheit, daß unter allen jenen unzähligen Anleitungen zur Kochkunst sich auch nicht eine einzige befindet, welche **unbedingt praktisch** und **gemeinnützig** genannt zu werden verdiente, denn alle vorhandenen Kochbücher, selbst keines der besten ausgenommen, setzen unverkennbar bei denjenigen Frauen und Mädchen, welche sie unterrichten wollen, schon einige Vorkenntnisse voraus und verschweigen daher alle jene unzählige kleine Beihülfen und Vorsichtsmaßregeln, welche in der Anwendung dennoch so wichtig und wesentlich sind, und ohne deren genaue Kenntniß keine Speise die gehörige Schmackhaftigkeit und Vollendung erlangen kann, indessen wieder Dinge in einer Art behandelt und vorgeschrieben werden, wie diese Art in der praktischen Kochkunst gar nie angewendet wird. So z. B. findet man die Masse der Ingredienzen, welche zu einer Speise erforderlich sind, in allen Kochbüchern genau nach Loth, Granen ꝛc. bestimmt, während sich in der praktischen Kochkunst darum Niemand bekümmert, denn jede gute Köchin weiß recht gut, daß es bei Bereitung einer Speise auf ein Körnchen Gewürz, oder ein Tröpfchen Wein mehr oder weniger durchaus gar nicht ankömmt, denn eine Küche ist keine Apotheke, und keine gute praktische Köchin kann und wird sich mit ängstlichen Mäßereien abgeben, ja in hunderten, und selbst oft in gar nicht schlechten Küchen findet sich nicht einmal eine Wage vor; nach unserer Methode ist eine solche auch gar nicht schlechterdings erforderlich, denn wenn wir (wo es nur immer angeht) sagen: nimm von diesem Ingredienz eine halbe Hand, oder eine Messerspitze, und von jener Flüssigkeit einen Eß= oder Theelöffel voll, so werden ohne Zweifel unsere natürlichen Schülerinnen uns besser verstehen, als wenn wir von Nößeln, Granen u. dgl. fabeln.

Man pflegt allgemein zu sprechen: „Ein Kochbuch ist nur gut für Jemanden, der schon kochen kann" und damit ist allen bis jetzt erschienenen Kochbüchern das unbedingte Verdammungsurtheil gesprochen; unser neues Kochbüchlein kann und wird ein solcher Vorwurf nicht treffen, und die verständige Frauenwelt wird zugeben, daß es ganz und gar das ist, wofür es sich ausgiebt: das gemeinnützigste und verständlichste unter allen vorhandenen Kochbüchern, das sich entfernt haltend von allen ausländischen, den Magen und die Gesundheit zerstörenden Künsteleien und französischen Verfeinerungen, bestrebt zu belehren, wie man insbesondere kräftige deutsche Hausmannskost zu bereiten hat, wodurch einem längst gefühlten und dringenden Bedürfnisse abgeholfen wird. — Uebrigens konnten wir, der nun schon einmal Verwöhnten halber, doch nicht umgehen, auch die Zubereitung einiger feiner Speisen anzugeben, doch betrachteten wir dieses Unternehmen, als ächte teutsche Köchin in der That nur als Nebensache, in deren Ausführung wir freilich auch die breite Fahrstraße einschlagen, und die gewöhnlichen Mäßereien u. dgl. aufführen mußten.

Vorwort
zur zweiten Auflage.

Die große Gemeinnützigkeit des vorliegenden Werkchens hat sich durch die That bewährt, denn die erste starke Auflage wurde noch vor Verlauf eines Jahres vergriffen und die Kritik ließ der Köchin ohne Fehl und Tadel volle Gerechtigkeit angedeihen. Nach solchen Resultaten forderte mich Dankbarkeit auf, der gegenwärtigen zweiten Auflage die größte Aufmerksamkeit zu schenken und alles anzuwenden, um den möglichst hohen Grad der Vollkommenheit zu erreichen. Dessenzufolge wurde nun das Ganze nicht nur mit verschiedenen Speiserecepten vermehrt, sondern es wurden auch noch drei ganz neue Kapitel beigegeben, so daß ich nun mit Recht hoffen kann, es werde mein Buch das Vertrauen der liebenswürdigen kochenden Frauenwelt immer mehr und mehr gewinnen.

Vorwort

zur dritten und vierten Auflage.

Der so über alle Erwartung schnelle Absatz auch der zweiten starken Auflage überzeugte mich, daß dieses Werkchen in seiner jetzigen Gestalt allen billigen Anfoderungen entspricht; deßhalb habe ich diese Auflage nicht wesentlich verändert und übergebe sie meinen lieben Mitschwestern mit dem aufrichtigen Wunsche, daß ihnen der Gebrauch dieses praktischen Kochbuchs den größten Nutzen bringen, und sich dasselbe stets mehr Freundinnen erwerben möge.

Rosamunda.

Inhalt.

Seite.

Allgemeine Anleitungen. — Vorläufige nothwendige Notizen und nützliche Andeutungen . . . . 1—11

I. Suppen
    A. Fleischsuppen . . . . 11—18
        Knödel (Klöße und andere Suppeneinlagen) 18—21
    B. Fastensuppen. . . . . 22—26
        Knödel und andere passende Einlagen zu den Fastensuppen . . . . 27—29

II. Anweisung, Rindfleisch auf verschiedene Art zu bereiten . . . . 29—33
    A. Warme Saucen . . . . 33—36
    B. Kalte Saucen . . . . 36—37

III. Gemüse . . . . 37—48

IV. Gemüse-Auflagen und insbesondere auch Würste 48—55

V. Ragouts, auch verschiedene Arten sogenannten „Eingemachtes" und Voressen der bürgerlichen Küche . . . . 55—62

VI. Geflügel und Wildpret gedünstet, oder aber in Brühen . . . . 62—67

VII. Verschiedene Braten . . . . 67—70

VIII. Gebratenes zahmes und wildes Geflügel . 70—77

IX. Warme und kalte Salate, so wie auch Compots
    A. Salate . . . . 77—81
    B. Compots . . . . 81—85

X. Fische, Krebse, Frösche, Schnecken und dergleichen 85—99

XI. Eier-, Milch- und Mehlspeisen . . . . . 100—110
XII. Aus dem Schmalze oder in der Röhre ge=
backene Mehlspeisen . . . . 110—117
XIII. Verschiedene Kuchen . . . . 117—123
XIV. Einige der gewöhnlichsten und beliebtesten
Puddings oder sogenannten Knöpfe . . 123—128
XV. Müße (Breie) und Auflaufe . . . . . . 128—134
XVI. Butterteige und Pasteten . . . . . . 134—145
 Kleine Pastetchen, welche bei Tafeln, insbeson=
 dere gleich nach der Suppe servirt werden 145—147
XVII. Torten und Zuckerbackwerk . . . . . 147—160
XVIII. Verschiedene Cremes . . . . 160—164
XIX. Saure und süße Sulzen (Gelées oder Gal=
lerten) und Aspics.
 A. Saure Sulzen und Aspics . . . . . 164—168
 B. Süße Sulzen . . . . 168—170
XX. Früchte einzusieden und einzumachen . . . 170—173
XXI. Verschiedene kalte und warme Getränke . . 173—180
XXII. Essige verschiedener Art zu bereiten 181
XXIII. Speisezettel mit Berücksichtigung der Sai=
sons entworfen.
 A. General-Speisezettel für Gesunde . . 182—190
 B. General-Speisezettel, für, an verschiedenen
 Krankheiten Leidende, nebst etlichen diäteti=
 schen Hauptregeln . . . . 190—192
XXIV. Gemeinnützige und kurzgefaßte Tranchirkunst 192—203

Allgemeine Anleitungen.

Vorläufige nothwendige Notizen und nützliche Andeutungen.

Einleitung. — Garderobe der Köchin. — Kochgeschirre und Küchen-Geräthschaften. Irdenes Geschirr, Steingut und Porzellan. — Messing-, Kupfer- und Eisengeschirr. — Aufbewahrung des rohen Fleisches und anderer Vorräthe. — Holz und Wasser. — Küchengifte. — Sonstige sehr beachtungswerthe Kocherfahrungen. — Vermischte nützliche Bemerkungen über Ordnung und Reinlichkeit in der Küche, nebst Angabe einiger zweckmäßiger Vorrichtungen u. dgl. m.

———

Ordnung und Reinlichkeit müssen in einer gut bestellten Küche insbesondere vorherrschen. — Vor allem andern aber muß die Kleidung der Köchin oder der fleißigen, selbst kochenden Hausfrau jeder Anforderung streng entsprechen, denn eine unreinlich gekleidete Köchin verdirbt selbst dem Heißhungerigsten den

Appetit. Ein Ueberkleid von dunklem und leichtem Stoffe, und ein weißes Halstuch nebst Schürze bilden zusammen eine recht zweckmäßige Küchengarderobe. Auch nicht eine einzige Stecknadel darf sich an der Kleidung einer wackern Köchin befinden, denn es liegt am Tage, daß dadurch großes Unheil geschehen könnte. Den Kopf bedecke ein reinliches Häubchen, oder aber es werde um denselben, äußerst sorgfältig, ein Tuch gebunden; nie dürfen die Haare der Köchin sichtbar werden und schon auch deßhalb, weil die Haare durch den Aschenstaub ungemein leiden und durch die Feuersglut ausgetrocknet werden. Eine Tabackschnupfende Köchin aber wäre ein wahres Grausal und ihr wäre besser, wenn sie nimmermehr das Licht eines Küchenherdes erblickt hätte.

Hinsichtlich der Küchengeräthschaften und Geschirre beschränke man sich auf das Nothwendigste. Das gerade nicht zum Gebrauch erforderliche Geräthe wird am zweckmäßigsten im Küchenschranke aufbewahrt. Da übrigens sogenannte Spar- oder Oekonomieherde noch immer nicht unter die gewöhnlichsten Erscheinungen gehören, so müssen wir uns hier auf die Bedürfnisse jener Küchen beschränken, wo noch auf gewöhnlichen Herden und bei gewöhnlichem Feuer gekocht wird.

Die irdenen Geschirre werden in allen deutschen Ländern am meisten gebraucht, und man hält sie mit Recht für die unschädlichsten und reinlichsten; doch thut man, der Sparsamkeit halber, wohl, dieselben mit Draht umflechten zu lassen. Bevor man die irdenen Geschirre gebraucht, muß man dieselben bei gelindem Feuer auskochen, um ihnen den erdigen Geruch zu benehmen. Das irdene Geschirr taugt am besten zum Sieden, Dünsten und Braten, und läßt sich am besten reinigen, wenn man es, so lang es noch warm ist, mit eichenen oder buchenen Sägspänen ausreibt, oder man kann dazu auch Weizenkleie nehmen.

Das Steingut, auch eine Art irdenes Geschirr, ist seiner Dauerhaftigkeit und Reinlichkeit wegen, sehr zu empfehlen, und kann man in demselben Alles, außer Krebse und Stockfische, kochen, braten und backen. Will man aber auf Porzellan oder Zinn in der Röhre backen, muß man die Schüssel, wenn sie nicht zersprengt werden soll, auf eine dicke, mit Salz bestreute Platte legen. Um solches Geschirr recht vollkommen zu reinigen, mischt man beim Abspühlen das Wasser mit etwas Lauge. Zum Abtrocknen ist Bast den Tüchern vorzuziehen. Nach dem Abwaschen soll das Geschirr auch noch in reinem Wasser abgeschwemmt werden.

Sehr nützliche und in vielen Fällen nothwendige Kochgeschirre sind messingne und verzinnte Kupferpfannen, deren man sich zum Abkochen der Milch, so wie zur Bereitung der Milch-, Eier- und Mehlspeisen bedient, doch muß man sich vor Allem davon überzeugen, daß die Verzinnung unverfälscht und daher nicht schädlich sey, auch muß man sorgfältig Acht haben, daß sich nicht Grünspan ansetzt, welches bei zurückbleibender Feuchtigkeit sehr leicht geschieht, daher Kupfer und Messing beim Abwaschen mit Sägekleien abgetrocknet werden muß, damit es nicht anlaufe, auch müssen solche Geschirre vor jedesmaligem Gebrauche abgeputzt werden.

Eiserne Kochgeschirre sind den kupfernen und verzinnten keineswegs vorzuziehen, denn jene werden bei der geringsten Feuchtigkeit leicht vom Roste angegriffen, und können dann nur mit Mühe wieder so geputzt werden, daß sie unschädlich bleiben. Auch werden die Speisen in eisernen Geschirren häufig schwarz, besonders saure Gerichte, oder solche, die dem Pflanzenreiche angehören, auch ertragen diese Geschirre kein so starkes Feuer, als die kupfernen.

Was die Aufbewahrung der rohen Speisen und anderer Vorräthe betrifft, ist im Wesentlichen insbesondere Folgendes zu bemerken:

Bewahrt man das Fleisch an einem kühlen Orte, so muß es nicht liegen, sondern aufgehangen, und wo möglich auch nicht eingesalzen werden; von dieser Regel muß jedoch Wildpret und Schweinefleisch ausgenommen werden. Das Wildpret muß höchst sorgfältig vom Blute (Schweiß), besonders an der Schußwunde, gereiniget werden, und hält sich dann für ein Paar Tage, in einem reinen Tuche fest eingeschlagen, ganz gut. Je jünger das Wildpret, um desto schmackhafter ist es auch, und stets das weibliche dem männlichen vorzuziehen. Nur in der Brunstzeit (vom September bis Ende Oktober) ist das Hochwildpret mager und unschmackhaft und soll auch der Genuß desselben der Gesundheit nachtheilig seyn. Spanferkel, sorgsam gebrüht und geputzt, halten sich höchstens zwei Tage. Aelteres Schweinfleisch kann man, in irdenen Töpfen mit Salz und Wachholderbeeren eingeschwert, mehrere Wochen erhalten. Rinds-, Kalb- oder Lammfleisch ist am besten trocken aufzubewahren; in dieser Art erhält sich der Saft in diesen Fleischgattungen viel besser und es werden auch davon die Suppen schmackhafter, dann die Braten weißer und saftiger. Geflügel muß trocken gerupft und ausgenommen werden, und um es gut und mürbe zu machen, muß es im Sommer aufgehangen werden; im Winter aber läßt man es aus- und durchfrieren. Soll das Geflügel aber ausgelöset werden, so muß dieses freilich geschehen, so lange es noch warm ist, denn später wird es starr und unbiegsam. Frische Würste bewahrt man nebst dazwischen gelegtem Gewürze und Lorbeerblättern zwischen zwei flache Teller gepreßt. Kalbsgekröse, Kälberfüße, Lungen, Kuttelflecke u. dgl. müssen weich gesotten, dann abgekühlt und mit Salz, Essig, Gewürze und Lorbeerblättern in den Keller gestellt werden. Lebern kann man nur über Nacht bewahren und zwar ohne Salz; vor dem Gebrauch werden sie in Milch gelegt. Soll Speck, geräuchertes oder gesalzenes Fleisch vor dem sogenannten Anlaufen bewahrt werden, so tauche man es in scharfe Buchenlauge und lasse dieselbe eintrocknen. Gemüse, daß es nicht faule und welke, wird am zweckmäßigsten in Kellern aufbewahrt. Rüben und Sauerkraut müssen öfters gereiniget werden. Von Zwiebeln, Knoblauch und Chalotten darf man die äußere Schale nicht abnehmen; sie müssen vor Feuchtigkeit möglichst geschützt, und in kleinen Büscheln aufgehangen werden. Mehl muß an trockenen Orten aufbewahrt, und oft umgekehrt oder noch zweckmäßiger, durchgesiebt werden, damit dasselbe nicht stockigt oder klumpicht werde. Von Eiern sollte man nie große Vorräthe anschaffen; um dieselben vor Fäulniß zu bewahren und lange zu erhalten, steckt man sie so ins Getreide, oder in feinen Sand, daß sie darin ganz verborgen sind. — Schmalz bewahrt man an kühlen Orten in irdenen Töpfen, und Butter in Porzellangeschirren; größere Quantitäten derselben wickelt man in eine, mit frischem Wasser angefeuchtete Serviette, oder in ein anderes leinenes Tuch, welches fest zusammengeschlagen wird. Uebrigens ist es nicht rathsam, Butter in zu großen Quantitäten anzuschaffen, denn sie wird bald ranzig, bitter oder sauer; dagegen ist das Abschöpffett zum Verkochen sehr zu empfehlen, und dessen Gebrauch oft jenem der Butter und des Schmalzes vorzuziehen.

Man sollte glauben, es gälte gleichviel, welch' Holz oder Wasser beim Kochen angewendet würde, doch ist dem nicht also. Wollte man z. B. zu einem Spiesbraten Feuer mit weichem Holz anmachen, so würde der Braten sammt der Sauce nicht nur von den häufig abspringenden Kohlen verdorben werden, sondern er würde selbst nicht einmal leicht ausbraten. Im Allgemeinen ist hartes, insbesondere Buchen- oder Birkenholz zum Kochen auf offenem Herde immer das vorzüglichste, denn mit weichem Holz gewinnt man zwar ein schnelles und hell flackerndes Feuer, mit hartem dagegen eine länger anhaltende und bei weitem größere Hitze gewährende Flamme. Zum Heizen der Bratöfen kann man allerdings weiches Holz, oder auch selbst sogenannte Lohkuchen (Lohkäse) verwenden. Um Holz zu sparen, muß man übrigens das Feuer nicht zu frühe anmachen, um jenes nicht unnöthig zu verbrennen. Auch zwischen weichem und hartem Wasser findet ein mächtiger Unterschied statt. Zu Hülsenfrüchten und Fischen darf durchaus kein hartes Wasser genommen werden, denn sie würden in demselben selbst beim anhaltendsten Kochen nimmermehr weich werden. Zum Waschen des Fleisches und Gemüses kann man aber hartes oder weiches Wasser verwenden. In manchem Wasser kocht sich das Fleisch ganz roth, wenn das erstere nämlich zu viele Salpetertheile enthält, und dieses Wasser ist es, welches zum Kochen der Hülsenfrüchte gar nicht verwendet werden kann. Gutes Wasser überhaupt muß sich klar, ohne Farbe und Geschmack darstellen, leicht am Gewichte seyn, und wenn man es rüttelt, Perlen werfen. Modriges oder unreines Wasser wird verbessert, wenn man in demselben mehreremale glühendes Eisen oder Kohlen ablöscht, und noch schneller gelangt man zum Zwecke, wenn man ein Glas guten Branntweins in schlechtes Wasser gießt, welcher das Unreine zu Boden schlägt.

Unter „Gift" versteht man alles dasjenige, was der Gesundheit nachtheilig ist, und beim Genusse, mehr oder weniger schnell, schwere Krankheiten, oder gar plötzlichen Tod erzeugt. Von der Vorsicht, welche bei kupfernen und verzinnten Geschirren angewendet werben muß, war schon oben die Rede und es kann diese Vorsicht in der That nicht leicht zu weit ausgedehnt werden. Außerdem wirken als scharfe Gifte: Fleisch und Milch von krankem Viehe, ranziger Speck, ranzige Mandeln oder ranzige Oele, verdorbene Eier und Barbenrogen. Schwämme erscheinen als verdächtig, wenn sie mit faulichem Geruche eine schwarzblaue, grüne, oder bunte Farbe verbinden, im Kochen hart werden, sehr klebrig anzufühlen sind und sich durch hohe Stiele auszeichnen. Man muß dieselben nebst einer weißen Zwiebel kochen, und wenn die letztere schwärzlich wird, unterliegt es keinem ferneren Zweifel, daß sich unter den Schwämmen giftige befinden. Auch Linsen und andere Hülsenfrüchte müssen sehr sorgfältig ausgelesen werden, weil verdorbene Körner, wenn sie mitgekocht werden, auf unsere Gesundheit sehr nachtheilig wirken können. Unter die schädlichen und sehr gefährlichen Gewächse, die sich in unsere Küchengärten einnisten, gehören zwei Arten Schierling, die sich aber durch ihren nicht ganz reinen Geruch von gesunden Wurzeln unterscheiden, und welche eine verständige und vorsichtige Köchin bald und leicht wird unterscheiden lernen. Alle Gemüse müssen übrigens sehr sorgfältig gewaschen werden, insbesondere wegen des Mehlthaues, der öfters auf den Blättern liegt und der Gesundheit sehr nachtheilig werden kann. Auch ein Stückchen Kalk, wenn es zufällig unter die kochenden Speisen geriethe, würde heftige Krankheiten veranlassen.

Um gute und klare Suppe überhaupt zu erhalten, muß man das Fleisch in kaltem Wasser ansetzen, weil es auf diese Art eher weich wird. Will man das Weichwerden noch mehr beschleunigen, so legt man ein Stückchen Eisen oder Glas bei; durch zu vieles Waschen und Wässern verliert das Fleisch seinen besten Geschmack. Beim Ansetzen wird das Fleisch verhältnißmäßig gesalzen. Beginnt es zu sieden, muß man es fleißig abschäumen und sogenanntes Grünes: als: Petersilie, Porri, Pastinak ꝛc. beifügen. Nach einigen Stunden wird das Fett abgeschöpft, indessen muß das Fleisch immer langsam fortsieden, und zugedeckt bleiben, sonst verliert sich die Suppe und mit ihr der beste Geschmack.

Bei den Braten ist zu erinnern, daß Kalbs-, Lamms- und Geflügelbraten nicht zu viel gewaschen und nicht zu früh eingesalzt werden dürfen, denn das Salz zieht den besten Saft aus. Je langsamer gebraten wird, desto saftiger und mürber wird das Fleisch. Die Rohrbraten müssen öfters umgewendet und geschmiert, oder mit ihrer eigenen Sauce begossen werden; dasselbe ist auch und zwar noch in erhöhtem Grade bei den Spießbraten erforderlich.

Mehrere Gemüse, als Kohl, Wirsching, Kohlrabi u. dgl. insbesondere wenn sie schon alt sind, müssen vorerst **blanchirt**, d. h. übersotten, dann mit frischem Wasser abgeschwemmt, und hierauf erst gedünstet werden. Auf diese Weise werden auch Spargel, Blumenkohl oder Carfiol und Spinat im Salzwasser zuvor übersotten, was aber in keiner eisernen Pfanne

*

geschehen darf, weil in derselben Alles schwarz werden würde.

Alle Hülsenfrüchte, Linsen, Bohnen, Erbsen sind in frischem Wasser anzusetzen, und werden eher im Fluß- als im Brunnenwasser weich. Auch Schnecken setzt man mit kaltem Wasser an. Alle Gattungen Fische, außer den blau abgesottenen, müssen vor dem Kochen gut eingesalzen werden.

———

Eine wackere Hausfrau soll darauf halten, daß die zum Essen einmal bestimmte Stunde genau eingehalten werde und soll die Suppe mit dem Glockenschlage auf dem Tische stehen. — Auf dem Herde befinde sich stets ein Topf mit reinem heißen Wasser zum Abspühlen der Kochlöffel, Küchenmesser, Gabeln und Küchengeschirre und sind letztere, nach gemachtem Gebrauch und vollzogener Reinigung, immer bald möglichst wieder an die für sie bestimmten Orte zu bringen. Die Küchentücher müssen täglich rein ausgewaschen werden und dürfen in der Küche durchaus keine Speise-Abfälle oder Unrath geduldet werden. Schuhe, Stiefel, Schuh- und Kleiderbürsten gehören keineswegs in gut eingerichtete Küchen.

Eine thätige Köchin beschäftigt sich Abends gerne mit allerlei Vorrichtungen für den andern Tag. Durch besonnenes Vorarbeiten werden die Küchengeschäfte überhaupt sehr erleichtert. Neben einer Menge anderer gehören unter diese Vorarbeiten, z. B. das Auslesen und Reinigen der Hülsenfrüchte, das Bähen und Aufreiben des Brodes, das Putzen des Gemüses und Salats, das Zuckerreiben, das Zurichten der Karbonaden ꝛc.

Wir glauben, daß diese kurzgefaßten, aber recht eigentlich aus dem Küchenleben, wie es ist, gegriffenen Andeutungen genügen dürften, jeder wißbegierigen Kochschülerin ein Bild von den Küchenarbeiten und deren verständigster Verrichtung im Allgemeinen beizubringen, und noch einmal wiederholen wir es: Ordnung, Reinlichkeit, Sparsamkeit und kluge Beobachtung sind Tugenden, welche sich eine wackere Köchin vor allem andern zuerst eigen machen muß.

I.
Suppen.
A. Fleischsuppen.

1. Gewöhnliche gute Fleischsuppe.

Ein Stück Rindfleisch von erforderlichem Umfange wird in kaltem Wasser ans Feuer gesetzt, und ist, um eine gute Suppe zu erlangen, mageres Fleisch vorzüglicher als fettes. Auf ein Stück von 2 bis 3 Pfd. können 3 bis 4 Maß Wasser genommen werden. Uebrigens sehe man die bereits oben Seite 9 gegebene Anleitung.

2. Griessuppe mit Fleischbrühe.

Eine Maß Fleischbrühe wird in einem Topfe zum Feuer gesetzt; wenn sie siedet, nimmt man einen Schöpf-

löffel voll heraus, und leert eine untere Tasse halb
voll Gries· langsam und bei beständigem Umrühren,
damit der Gries nicht klumpig wird, in die Brühe.
Indessen schlägt man in die leere Suppenschüssel ein
Ei, verrührt es mit etwas wenigem kaltem Wasser
und gießt nach einer halben Stunde bei fortwährendem Rühren die Griessuppe auf.

3. Braune Jus= (Schü=) oder Kraftsuppe.

Auf den Boden eines Tiegels legt man Scheiben
frischen Speckes, nebst Zwiebeln und etlichen Gewürznelken (Nägerl). Darauf kommen nun zu liegen magere Scheiben rohen Rind- und Kalbfleisches, Hüh-
nerfleisch und ein Stückchen Schaffleisch, nebst etlichen
gelben Rüben, Pastinak, Porri und Sellerie, alles
in kleine Schnitzeln geschnitten. Man läßt hierauf
das Ganze unzugedeckt so lange auf der Glut ab-
braten, bis die Zwiebeln am Boden braun werden, worauf man gute Fleischsuppe zugießt, und nun Alles,
und zwar zugedeckt, einige Stunden langsam sieden
läßt, damit es nicht trübe wird. Mit diesem Jus
nun kann man alle Suppen und andere Speisen kräf-
tigen und ist dasselbe daher bei der feinern Kocherei
sehr nothwendig. Uebrigens läßt sich das Jus ein
Paar Tage lang aufbewahren.

4. Suppe mit Schnittnudeln.

Man schüttet nach Verhältniß der Personenzahl,
für welche gekocht werden soll, mehr oder weniger
Mehl in eine Schüssel, und rührt dasselbe so ausein-

ander, daß sich in der Mitte eine Grube bildet, dann kömmt eine Messerspitze voll Salz und ein Löffel kaltes Wasser dazu, worauf man den Teig zu kneten anfängt und in demselben ein oder ein Paar Eier schlägt. Ist ein tüchtiger und glatter Teig zu Stande gebracht, so bringt man denselben auf das mit Mehl bestreute Nudelbrett, bildet aus ihm eine längliche Form, schneidet aus dieser mit dem Messer Scheiben, welche in dem Mehl gewendet und mit der hölzernen Nudelrolle (Nudelwalcher) so dünn als möglich gewalcht werden. Die also erhaltenen dünnen runden Flecken müssen etwas austrocknen, werden dann gerollt und mit einem scharfen Messer zu feinen Nudeln geschnitten, indessen darf der gerollte Teig nicht im geringsten gedrückt werden, damit die Nudeln nicht zusammenkleben. Endlich werden die fertigen Nudeln auf einen großen hölzernen Küchenteller gebracht und nun langsam in die Fleischbrühe eingerührt, in der sie aber nicht zu lange kochen dürfen.

5. Reissuppe.

Eine Handvoll Reis, oder mehr oder weniger, je nachdem man die Suppe dicker oder dünner haben will, wird sorgfältig ausgelesen und gewaschen und sofort im Topfe mit der siedenden Fleischbrühe ans Feuer gesetzt. Man läßt den Reis eine starke Stunde lang kochen, gibt Grünes zu und rührt die Suppe öfters um, damit sich der Reis nicht anhängt. Wenn die Fleischbrühe nicht fett ist, kann man ein Stückchen Butter dazu geben, und Muskatnuß darauf reiben. —

Zu der Reißsuppe pflegt man bei Tische auch geriebenen Parmesankäse zu reichen.

6 u. 7. Eier-, Gersten-, und Flecklein suppe.

Man bereitet zur Gerstensuppe ganz denselben Teig wie zur Schnittnudelnsuppe (man sehe oben Nro. 4) und muß der Teig mit dem Wiegenmesser klein zerschnitten und öfters mit Mehl bestreut werden. Zur Flecklein suppe wird der Teig nicht so ganz dünn ausgewalcht, und mit einem eigenen Rädchen in viereckige Flecklein getheilt, welche nach und nach in die heiße Fleischbrühe gebracht werden und etwas länger kochen müssen als Nudeln.

8. Kräutersuppe.

Körbelkraut, Sauerampfer, Petersilienkraut, Spinat, junge Zwiebeln, Porri, Pastinak und junge Gartenkresse bilden die Hauptbestandtheile dieser wohlschmeckenden und äußerst gesunden Suppe. Die genannten Kräuter und Pflanzen werden recht rein gewaschen und mit dem Wiegenmesser fein geschnitten; hierauf wird ein Tiegel mit Butter oder gutem Rindsfett und einigen Löffeln voll feinem Mehle aufgesetzt, welches man anlaufen und dann mit den zerschnittenen Kräutern noch eine Weile dünsten läßt. Endlich füllt man das Ganze mit Fleischsuppe auf, und läßt es, aber nicht zu lange, aufsieden, weil sonst die Kräuter ihre Farbe verlieren. Vor dem Anrichten schlägt man etliche Eierdotter mit etwas kaltem Wasser in einen Hafen zusammen, und schüttet es unter bestänbigem Rühren in die Suppe, welche über gerösteten Semmelschnitten angerichtet wird.

Endivien-, Wirsching- und Sauerampferfuppen werden ganz auf dieselbe Art bereitet, nur daß die Endivien fein länglich, wie zum Salat geschnitten werden müssen.

9. Wurzelsuppe.

Etliche schöne Zwiebeln, Kartoffeln, gelbe Rüben, Pastinak, Porri und Sellerie, auch ein Paar weiße Rüben werden sämmtlich in feine längliche Stücke geschnitten und mit Rindsfett und ein wenig Fleischbrühe weich gedünstet, dann fügt man auch, und zwar feiner noch geschnitten, Wirsching, Kopfsalat, Sauerampfer, Körbelkraut bei und füllt das Ganze, wenn es weich genug gedünstet, mit Jus- oder guter Fleischsuppe auf. Endlich gießt man braungeröstete Semmelschnitten dazu, und läßt mit demselben die Suppe ein Paar Minuten aufsieden. In Frankreich pflegt man die gedünsteten Wurzeln und Kräuter in der Suppe mit zur Tafel zu geben, in der deutschen Hausküche ist es aber gewöhnlicher, daß man die Suppe vor dem Anrichten abseihet und sie dann ohne die Wurzeln ꝛc. servirt.

10. Karfiol- oder Blumenkohlsuppe.

Vier bis fünf kleine Blumenkohlstauden werden mit großer Sorgfalt von allen hülsigen Theilen befreit, klein geschnitten und in Fleischbrühe recht weich gekocht. Die Brühe wird dann vor der Hand abgelassen, und der Blumenkohl mit einem Stückchen Butter und Mehl (man sehe oben Nro. 8) gedünstet. Hierauf wird der Blumenkohl mit der bei Seite gesetzten Brühe wieder vereiniget und mit hinlänglicher Fleischsuppe aufgefüllt, auch mit einem Ei fricassirt (abgeschlagen, m. s. Nro. 8) und über geröstete Semmelschnitte oder eine andere Einlage gegossen.

11. Kartoffelsuppe.

Reichliches Fett mit Petersilien und einer Handvoll Zwiebeln werden in den Tigel geworfen und acht bis zehn in feine Scheiben zerschnittene Kartoffeln darauf. Alles muß zusammen dünsten und es werden dann noch zwei Löffel voll feines Mehl daran gestäubt. Nachdem das Ganze noch eine kurze Zeit gestanden, füllt man gute Fleischsuppe auf und läßt sie damit verkochen. Vor dem Anrichten wird es durch ein Sieb geschlagen und werden gebackene, gewürfelte Semmeln als Einlage beigegeben.

12. Schwarze Brodsuppe.

Man dörrt die äußere Rinde von sogenannten schwarzem oder Hausbackenbrod in der Bratröhre, bis sie recht hart wird, und stößt dann das gedörrte Brod im Mörser in Stückchen von der Größe einer Erbse, welche man in gute Fleischsuppe giebt, in der das Brod nebst Wurzeln, Zwiebeln, Salz und anderm Gewürze gut aufkochen muß, auch läßt man, insbesondere in Bayern, in der Suppe Bratwürste mitkochen, oder man kann auch auf dieselbe frische Eier ge-

ben, welche man aber auf der heißen Suppe einige
Zeit anziehen laſſen muß.

13. Banabelſuppe.

Gedörrte Semmelſchnitten, etwa zwei Hände voll,
werden in heißer Fleiſchſuppe ganz und gar zu einem
dünnen Brei gekocht und dann dazu etliche klein geſchnittene Zwiebeln, in einem Stückchen Fett geröſtet,
gegeben. Vor dem Anrichten kann man nach Belieben auf dieſe Suppe ſüßen Rahm gießen und dieſelbe
mit fein geſchnittenem Lauch beſtreuen.

14. Haferſchleimſuppe.

Die Hafergerſte, etwa vier Hände voll, wird in
kaltem Waſſer beigeſetzt und geſotten, bis ſie ſtark
ſchleimt. Die Gerſte wird dann ferner geſalzen, endlich durchgeſeiht und über gebähtem Brode angerichtet.
Die Gerſte bleibt übrigens in der Suppe, welche durch
etwas Citronenſaft pikanter gemacht wird.

15. Roll- oder gerollte Gerſte.

Eine obere Caffeetaſſe voll gerollter Gerſte wird
in einen kleinern Topf gebracht und mit Waſſer aufgefüllt, auch fügt man gewöhnlich 'gleich ein Paar
Kälberfüße bei, welche das Schleimen der Suppe befördern und läßt ſo Alles beim Feuer kochen; man
muß aber fleißig abſchöpfen, weil es gern überläuft.
Wenn der Gerſtenſchleim anfängt, dicklicht zu werden,
ſo gießt man ihn in einen größern, mit guter Fleiſchſuppe gefüllten Topf, giebt klein geſchnittenen Sellerie,

gelbe Rüben, ein Paar Gewürznelken und ein ganz
kleines Stück Butter dazu, worauf man das Ganze
mit einem hölzernen Kochlöffel umrührt und die
Gerste noch mehr einkochen läßt, wobei man aber im‍mer gute Fleischsuppe nachgießt. Endlich füllt man
den puren Schleim in Tassen, oder aber man gießt
ihn sammt der Gerste und den Kälberfüßen in die
Terrine und servirt.

16. Trauffuppe.

Etwa fünf Löffel feinen Mehles werden in einem
kleinen Topfe mit kaltem Wasser zu Teige abgerührt
und ein Ei dazu geschlagen. Wenn der Teig zum
Laufen dünn genug ist, wird er in die kochende Fleisch‍brühe getrauft. Setzt sich der Teig in der Suppe
sogleich zu Boden, so ist er zu dick und muß mit Was‍ser verdünnt werden, zerläuft er aber in der Fleisch‍brühe, dann ist er zu dünn, und muß noch etwas
Mehl angerührt werden. Gesalzen wird diese Suppe
erst vor dem Anrichten.

Knödel (Knöpflein oder Klöße), und andere Suppeneinlagen.

17. Butterknöbelchen (Nockerl).

Man rührt zuerst ein Stück Butter recht sorgfäl‍tig und tüchtig ab, und schlägt zwei kleine Eier, eines
nach dem andern, daran. Dann kömmt zu der abge‍rührten Butter halb Semmel- und halb weißes Mehl,
Salz und ein wenig Muskatblüthe, doch muß man

trachten, daß der Teig, den man damit anrührt, nicht zu fest wird. Man läßt das Ganze dann noch etwa zehn Minuten stehen und legt dann davon ganz kleine Knödelchen in die siedende Fleischbrühe.

18. Schinkenknödel.

Zu drei oder vier altgebackenen und in kleine Stücke zerschnittenen Semmeln mengt man geräuchertes Fleisch oder Schinken, welcher ebenfalls mit dem Wiegemesser in ganz kleine Stücke zerschnitten worden ist. Ein Stück Schmalz wird sofort zerlassen und heiß an die aufgeschnittenen Semmeln gegeben, auch kann man Petersilie, Schnittlauch und Zwiebel, alles klein geschnitten, darunter nehmen. Ferner schlägt man acht Eier in einen Hafen und einen Schoppen guter Milch daran; nachdem die Milch mit den Eiern abgequirlt worden, schüttet man alles an das aufgeschnittene Brod und Fleisch, salzt es, giebt ein Paar Hände voll Mehl daran, und läßt es kurze Zeit in diesem Zustande stehen. Probeweise legt man einen Knödel in siedendes Wasser; zerfährt derselbe, muß man noch mehr Mehl an die Knödel mischen, bis sie ganz bleiben. Etwa eine Viertelstunde vor dem Anrichten schlägt man die Knödel in siedendes Wasser ein, salzt das Wasser und läßt die Knödel in demselben sieden. Bei dem Anrichten nimmt man die Knödel aus dem Wasser, bringt sie in kräftige Fleischsuppe und dann auf die Tafel. Um als Nebenspeise zu dienen, werden die Knödel mit Butter und Semmelbröseln abgebrannt.

19. Leberknödel.

Semmeln werden aufgeschnitten, wie gerade bei Nro. 18 angegeben worden; von einem Pfund Kalbsleber die Haut sodann abgezogen, und alles Häutige überhaupt sorgsam entfernt; ferner wird mit Knoblauch (aus mehreren Küchen bleibt derselbe aber ein Mal für immer verbannt), Zwiebel, Majoran und Petersilien die Leber fein zusammengeschnitten. Nachher brennt man heißes Schmalz an das Brod, legt das Gewiegte in einen Hafen, gibt 6 Eier und einen Schoppen gute Milch daran, quirlt es ab, macht damit das Brod an und nimmt ein Paar Hände voll Mehl dazu. Da aber die Leber von selber anzieht, müssen solche Knödel viel lockerer als andere angemacht werden. Mit dem Einkochen verfährt man wie bei Nro. 18.

20. Abgetriebene Leberknödel.

Die Semmeln werden zu Bröseln gerieben und diese in Schmalz geröstet; übrigens nimmt man weniger Milch und Mehl; sonst werden sie, nur an Form kleiner, wie die Leberknödel bereitet.

21. Speckknödel.

Man schneidet Semmeln (wie bei Nr. 18), dann in kleinen Würfeln ein Pfund frischen Speck und dazu Zwiebel und Petersilie. Die Speck-Würfelchen läßt man in einem Tiegel auf der Glut anlaufen, giebt sie an das aufgeschnittene Brod, nimmt die erforderliche Quantität Eier und Milch, quirlt Alles ab und verfährt hierauf wie bei Nro. 18.

22. Grieskn ödel.

Ein halber Vierling Butter oder Schmalz wird mit drei Eiern abgerührt und dann gesalzen. Ferner rührt man 8 bis 10 Eßlöffel voll Weizenmehl mit gewiegten Citronenschalen darunter und zwar so, daß der Teig beinahe noch läuft. Man legt darauf die klein geformten Knödel in die siedende Fleischbrühe und verfährt, wie bei Nro. 18. angegeben worden.

23. Böhmische Knödel.

Nach schon öfter angegebener Art macht man mit Mehl, Eiern und etwas Milch einen weichen Teig, und werden an denselben vier in Würfel geschnittene und in Butter gut geröstete Semmeln gegeben. Die Knödel werden groß, aber nicht rund, sondern eckicht geformt, und wenn sie gut ausgekocht sind, wird heiße Butter darüber gebrannt.

24. Kartoffelknödel.

Ein Pfund gesottener, abgeschälter und mehliger Kartoffel oder Erdäpfel werden gerieben, dann treibt man in einer Schüssel ein halb Pfund Butter oder Schmalz darunter, schlägt nach und nach sechs bis acht Eier daran, giebt geriebene Semmelbröseln und geftäubtes Mehl mit Salz dazu, mischt noch grüne, klein geschnittene Petersilien und Zwiebeln darunter und macht die Knödel in gute Fleischsuppe ein. Das Uebrige wie oben.

B. Fastensuppen.

25. Erbsensuppe.

Vor Allem werden die Erbsen sorgsam ausgelesen und mehre Male gewaschen, dann mit siedendem Wasser und einem Stücke Schmalz oder Butter zum Feuer gesetzt. Anfänglich soll man die Erbsen nicht gleich umrühren, weil sie sonst gewöhnlich hart bleiben. Wenn die Erbsen eine Zeit lang gekocht haben und bereits beginnen, weich zu werden, steckt man einige Selleriewurzeln zu ihnen in den Topf, welche diese Suppe wohlschmeckender machen, als jedes andere Wurzel- oder Kräuterwerk. Wenn die Erbsen endlich ganz weich sind, werden sie durchgetrieben, und müssen dann im Wasser noch einmal aufsieden. Diese Suppe muß gut gesalzen und außer den Fasttagen kann sie mit kräftiger Fleischbrühe angerichtet werden.

26. Linsensuppe.

Die Linsen werden mit frischem Wasser zugesetzt. Man läßt sie weich sieden, schneidet ein Paar Stückchen Sellerie fein gewürfelt auf, dünstet dieselben in Butter weich, giebt sie an die Linsensuppe, und brennt sie mit einem Stücke Butter, einem Löffel voll Mehl und ein bischen Zwiebel bräunlich ein, fügt dann Salz und Pfeffer und ein wenig Weinessig bei, läßt Alles gut versieden und richtet endlich die Suppe über gebackenen Semmelschnittchen an.

27. Krebssuppe.

Nach Verhältniß der Gäste siedet man weniger

oder mehr Kochkrebse in Salzwaſſer, löſet die Schweife und Scheeren aus, ſticht bei den Augen die Galle aus, und ſtößt alles übrige im Mörſer klein, nebſt einem Paar gebackenen Eiern, etwas gebackenen Semmelſchnitten und einem Stückchen Butter. Das Zerſtoßene läßt man mit Butter und einem Löffel voll Mehl in einem Tiegel anlaufen, füllt es mit klarem Erbſenſude auf, läßt es gut verſieden, treibt es durch ein Sieb, und richtet die Suppe, nachdem ſie durch Salz und Muskatnuß gewürzt worden, über gebackenen Semmelſchnitten an. Die ausgelößten Scheeren und Schweifchen werden der Suppe beigegeben.

28. Brenn- oder Einbrennſuppe.

Mit einem Stücke Schmalz und drei Löffel voll Mehl macht man eine dunkelbraune Einbrenne, giebt fein geſchnittene Zwiebeln mit einigen Gewürznelken und etwas Kümmel dazu, gießt dann nach Bedarf, wenn alles braun wird, ſiedendes Waſſer auf, ſalzet es und läßt das Ganze dicklich einkochen. Endlich wird die Suppe abgeſeihet und über Hausbackenbrod oder Semmel angerichtet; einige geben auch noch einen Löffel guten Weineſſig zu, doch ſagt dieſer hier bei weitem nicht jedem Geſchmacke zu.

29. Eierſuppe.

Man brennt etwa eine ſtarke Maß reines Waſſer mit Butter und ein bischen Mehl weiß ein, würzt es mit Salz, Pfeffer und ein wenig Muskatnuß und läßt es aufkochen. Dann quirlt man vier bis fünf

Eier mit einigen Tropfen kalten Waſſers ab, giebt das eingebrannte Waſſer darein, quirlt es noch einmal und richtet ſofort die Suppe über gebähten Semmel=ſchnitten an.

30. Milchſuppe.

Mit etwa einer halben Maß Rahm oder guter Milch, werden ein Paar Caffeelöffelchen weißes Mehl und das Gelbe eines Eies angerührt, mit der Milch vollends dünne gemacht, und Zucker und Zimmet nach Belieben und Erforderniß darunter gemiſcht. Hat man dieſe Suppe unter beſtändigem Rühren aufſieden laſſen, ſo wird ſie über Semmel=Würfel angerichtet.

31. Fiſchſuppe.

Der Boden eines Tiegels oder einer Cafferolle wird mit Schmalz und vielen Zwiebeln belegt, und darauf kommen kleine Stücke von verſchiedenen Fiſchen, wie man ſie gerade erhalten kann, nebſt klein geſchnit=tenen gelben Rüben, Paſtinak, Sellerie, und etlichen Gewürznelken. Das Ganze wird hierauf auf die Glut geſetzt, wo man es, ohne aufzurühren, am Boden hübſch braun werden läßt, und es hernach mit gutem Erbſenſude auffüllt. Es kann dieſe Suppe über gebähtem Brode oder einer andern paſſenden Ein=lage angerichtet werden.

32. Suppe von Weißbier.

Ein Löffel voll Mehl wird mit zwei Eierdottern und einem Schoppen guter Milch angerührt, und eine halbe Maß Weiß-Bier mit einem Stück Zimmet und Zucker beigefügt. Diese Suppe muß unter beständigem Umrühren ein Paar sogenannte Waller machen, worauf sie über Semmel-Würfel angerichtet wird.

33. Suppe von braunem Bier.

Man läßt in einer Casserolle geriebenes Hausbrod mit einem Stücke Butter rösten. Hierauf gießt man braunes Bier nach Bedarf nebst einem Stücke Zucker und fein geschnittenen Citronschalen darauf, läßt Alles zusammen gut verkochen, und giebt es so zur Tafel.

34. Weinsuppe.

Man rühre zwei oder drei Eierdotter mit einem kleinen Löffel voll Mehl und ein wenig Wasser ab. Hierauf gießt man zwei Theile Wein und einen Theil Wasser daran und fügt ein Stückchen Butter, Zucker, Zimmet, ein Paar ganze Gewürznelken, eine ganze Muskatblüthe und etwas Citronschale bei. Diese Suppe darf aber nicht zu stark kochen, weil sich sonst die Würze verflüchtiget; sie wird endlich über gewürfelte, und in Schmalz geröstete Semmelstückchen angerichtet. — Auf zwei Eierdotter pflegt man einen kleinen Schoppen Wein und Wasser zusammen zu rechnen.

35. Chocoladesuppe.

Eine halbe Maß Milch oder süßer Rahm (Andere nehmen statt der Milch Wein oder Weiß-Bier) wird beigesetzt und wenn es zu sieden anfängt, vom Feuer weggezogen. Nachher rührt man, je nachdem man die Suppe dünn oder dick zu erlangen wünscht, drei oder vier Löffel voll geriebene Chocolade und auch etwas Zucker hinein, und läßt das Ganze beim Feuer, unter beständigem Umrühren, etliche Waller machen. Indessen zerklopft man zwei oder drei Eierdotter mit einem Löffel voll frischen Wassers, damit sie nicht zusammen gerinnen, nimmt die Chocolade vom Feuer, rührt die Eierdotter damit an, und gießt die Suppe endlich über gebähtes weißes Brod.

36. Fischrogensuppe.

Man läßt einen gesottenen und verrührten Fischrogen in durchgeseihter dünner Erbsenbrühe sieden und giebt dann ein bischen Pfeffer, Ingwer und Muskatnuß nebst einem Stückchen Butter zu. Wenn Alles etwa eine Viertelstunde gekocht hat, so richtet man die Suppe über in Schmalz geröstetem weißem Brode an.

37. Fasten-Banabelsuppe.

Bröseln von Semmel oder Hausbrod werden mit Butter oder Schmalz bräunlich geröstet, mit Erbsensud aufgefüllt und dann ans Feuer gebracht. Vor dem Anrichten quirlt man vier Eierdotter mit ein Paar Löffel voll saurem Rahm ab und giebt es unter beständigem Rühren in die Suppe.

Knödel und andere passende Einlagen zu den Fastensuppen.

38. Fasten-Semmelknödel.

Zu fünf aufgeschnittenen Semmeln brennt man Schmalz ein und schlägt acht bis neun Eier und nur so viel Mehl daran, daß sie zusammen halten, dann schlägt man es in siedendes gesalzenes Wasser ein. Besitzt man frische Schwämme, Champignons oder Morcheln (Maurachen), so putzt man dieselben schön, schneidet sie fein, dünstet sie mit Butter in einem Tiegel, stäubt ein wenig Mehl daran, giebt etwas klein geschnittenes Petersilienkraut dazu, läßt es dünsten und gießt Erbsenbrühe daran. Nun läßt man die Suppe noch einmal aufsieden und richtet sie sofort über die Knödel an.

39. Gebackene Erbsen in die Suppe.

Man macht einen Brandteig, und setzt Milch mit einem kleinem Stück Butter aufs Feuer; wenn es siedet, giebt man Mundmehl dazu, daß es ein dickligter Teig wird. Man trocknet diesen auf der Gluth ab, und bringt ihn in eine tiefe Schüssel, schlägt fünf oder sechs erwärmte Eier daran, streicht den Teig auf einen umgekehrten Teller, formt daraus kleine rundliche Bröckchen, wie Erbsen, nur ein klein wenig größer und legt sie in das nicht zu heiße Schmalz. Man muß das Pfännchen fortwährend rütteln, damit die sogenannten gebackenen Erbslein sich immer mehr runden und möglichst gleich braun werden, dann nimmt man sie mit einem Seihlöffel auf einem Durchschlag und erhält sie warm. Will man anrichten, so bringt man sie in die Schüssel und gießt Fischsuppe (man sehe Nro. 31.) dazu.

40. Käsknödelchen.

Man reibt trockenen Käse und rührt ihn mit einem Stücke Butter pflaumig; zwei zerquirlte Eier werden langsam hineingezogen und mit feinen Semmelbröseln, Salz und etwas Mehl zu einem Teige angemacht. Man formet die Knödel nicht größer wie kleine Aepfel, kocht sie in siedendem Wasser auf, nimmt sie dann heraus und richtet sie mit kochender, klarer Erbsenbrühe an.

41. Rothe Krebsknödelchen.

Man siedet zehn bis zwölf schöne Krebse in Salzwasser, sondert das Fleisch von den Schweifen und Scheeren ab und hackt es ganz klein. Ferner wird das Beste von den Schalen gestoßen, in Butter geröstet, und durch ein Leinentuch gepreßt. Zu letzterm nimmt man nun das zerhackte Krebsfleisch, nebst einer Handvoll Semmelmehl, dann ein wenig Salz und Muskatblüthe und rührt Alles mit einem Ei zu einem Teige, aus welchem man kleine Knödel zum Einlegen in die siedende Brühe bildet.

42. Weiße Fischknödelchen.

Die Gräten werden sorgfältig aus dem Fische (man benützt hiezu ganz gewöhnliche, selbst Weißfische) genommen, das Fischfleisch aber wird sehr fein mit etwas Citronenschalen zerhackt; ferner rührt man ein Paar Löffel voll Milch ab, schlägt zwei Eier daran, bestreut es mit Semmelmehl, worauf ein wenig zerlassene Butter gegossen wird, fügt noch Salz und geriebene Muskatnuß dazu und rührt Alles wohl durcheinander. Nach einer Weile bildet man aus dem also entstandenen Teige die Knödelchen, welche in die siedende Brühe eingelegt und in derselben noch eine Viertelstunde gekocht werden.

II.

Anweisung, Rindfleisch auf verschiedene Art zu bereiten, nebst Aufführung mehrer hiezu passender warmer und kalter Saucen.

Vorerinnerung.

Nicht alle Rindfleischstücke sind gleichen Gehaltes und gleich' trefflichen Geschmackes. Je fleischiger und mürber, desto besser sind in der Regel die Stücke. Als besonders ausgezeichnet wurden von berühmten Kochkünstlern von jeher gerühmt: das **Filet**, der **Lungenbraten**, die **Lenden**, die **bedeckte Rippe**, die **Zwergrippe**, die **Schweifschale (das Scherzl)**, der **dicke Nabel**, die **Rose** und der **Brustkern**.

Indessen muß jedes Rindfleischstück ohne Unterschied vor der eigentlichen Zurichtung mit einem Stücke Holz oder anderm passenden Instrumente tüchtig gebläut oder geklopft werden, wodurch es eine ganz eigenthümliche Mürbe erlangt, ohne an Gehalt zu verlieren. Uebrigens darf das Fleisch nur ganz leicht abgewaschen werden (man sehe oben Seite 9.)

43. Rind- oder Ochsenfleisch zu sieden.

Auf ein Pfund Rindfleisch rechnet man gewöhnlich 1½ Maß Wasser und auf drei Pfund Fleisch eine kleine Handvoll Salz. Man handelt zweckmäßig, wenn man gleich anfangs das Fleisch hinlänglich salzt; denn wenn man erst nachher vieles Salz beigiebt, so nimmt es das Fleisch nicht mehr an, und es wird nur die Brühe davon herb. Wenn das Fleisch zu sieden beginnt, muß man es mit dem Schaumlöffel fortwährend abschäumen, sonst wird die Brühe nicht hell. Wenn das Fleisch hinlänglich abgeschäumt worden ist, kann man Sellerie, Lauch, Petersilienkraut, Pastinakwurzeln, auch eine gelbe Rübe nebst einem Stückchen ganzen Ingwer mitkochen lassen, um der Brühe einen guten Geschmack zu geben. Will man die Fleischbrühe recht kräftig und schmackhaft haben, so giebt man gleich beim Zusetzen einen Kalbsknochen, ein Stückchen Hammelfleisch, ein Stückchen Rindsleber und Milz dazu. Die Fleischbrühe, in welcher Wurzeln mitgesotten worden sind, läßt sich nur im Winter, nicht aber im Sommer aufbewahren, weil sie bald sauer wird. Will man aber doch den Geschmack von den Wurzeln in der Fleischbrühe haben, so läßt man die Wurzeln in einem kleinern Gefäße sieden, und schöpft aus demselben nach Bedarf für den größeren Suppentopf. — Ein Stück Fleisch von vier Pfunden muß drei Stunden lang kochen; ist es größer, muß es länger, ist es kleiner, nicht so lange sieden. Anderthalb Stunden, bevor das Fleisch gänzlich gar wird, und ehe man das Grüne hinein thut, schöpft man, wenn die Brühe zu fett ist, so viel als nöthig, von dem Fette ab und füllt den Topf wieder mit heißem Wasser auf, damit er nicht zerspringt. Für eine erwachsene Person rechnet man gewöhnlich ein halb Pfund Fleisch. (Man sehe auch oben Seite 9.)

44. Gewöhnliches **Boeuf à la mode**.

Ein mageres, gesalzenes mit Nelken, Pfeffer u. dgl. gewürztes Stück Rindfleisch wird nebst Zwiebeln, gelben Rüben und einigen Lorbeerblättern in den Tiegel gebracht. Man giebt guten Essig dazu und läßt es mit einer Handvoll geriebener Brodrinde verkochen. Endlich giebt man es mit der Sauce zur Tafel.

45. Aechter Rostbraten.

Ein schönes Rippenstück wird zerschnitten, und geklopft wie Karbonaden (m. s. den Art.), dann spickt man es mit Knoblauch, salzt und pfeffert es, bringt es auf den Rost, und läßt es auf beiden Seiten über starker Gluth braten, beträufelt es mit Butter und giebt es in seinem eigenen Safte zur Tafel.

46. **Beefsteaks** oder russischer Braten.

Man zieht von einem guten Lungen= oder Lendenbraten die Haut ab, schneidet ihn in fingerdicke Schnitze oder Scheiben, salzt dieselben, taucht sie mehrere Male in zerlassene Butter, und bratet sie auf beiden Seiten auf dem Roste über starker Gluth, bis sie gar, aber doch noch recht saftig sind, dann richtet man sie appetitlich auf eine Platte und streut geriebenen Kreen oder Meerrettig darüber.

47. Rindfleisch in der **Braise**.

Nachdem ein schönes Rippen- oder Schalenstück weich gekocht wurde, läßt man gutes Rindsfett in einer Casserolle heiß werden, giebt 3 bis 4 gespaltene Zwiebeln, ein Paar gelbe Rüben, Pastinak und Sellerie nebst dem Rindfleisch in das Geschirr, und läßt das Fleisch dünsten. Bei dem Anrichten bringt man das Rippenstück auf eine Platte, und die Wurzeln sammt dem wenigen dabei befindlichen Safte darüber.

48. **Rostbeef,** oder englischer Braten.

Es gehört dazu ein treffliches Rippenstück von wenigstens sieben bis acht Pfunden. Man hackt dasselbe der Länge nach vom Grathe, haut die Grathbeine ganz weg, klopft das Fleisch tüchtig, daß es mürbe wird, spickt es von der obern Seite mit Speck, und bestreut es mit etwas Salz und Zucker, wie auch mit feinen Kräutern, z. B. Burgunderkraut, Thymian ꝛc. In diesem Zustande und mit einer Bouteille guten Rheinwein, der aber über das Fleisch gehen muß, aufgefüllt, läßt man alles eine volle Woche stehen. Endlich wird das Rostbeef langsam und wohl ganze sechs Stunden lang am Spieß gebraten, und mit demselben Weine begossen, in welchem es ehevor gelegen. Zur Sauce verwendet man noch ein gutes

Gläschen Wein nebst den oben angeführten Kräutern, auch giebt man einen Löffel voll Kraftsuppe und ein Stückchen auf einer Citrone abgeriebenen Zucker dazu. Dieses Alles wird zusammen gut aufgekocht, dann auf die Platte gegossen und der Braten oben auf.

49. **Lendstück wie Hasenbraten zugerichtet.**

Ein abgezogener Lendenbraten wird wie ein Hase gespickt, gesalzen, gewürzt und mit wenigem Essig in einer Raine auf beiden Seiten gut gebraten. Zuletzt gießt man sauren Rahm darüber und läßt den Braten kurz aber hinlänglich einkochen. Es versteht sich, daß beim Anrichten die Sauce über den Braten gegossen wird.

50. **Gewöhnliches, saures Rindfleisch.**

Zu einem weich gesottenen Stücke Schweifschale wird Fett im Tiegel zerlassen, etliche Zwiebeln und Chalotten darin geröstet, das Ganze hierauf mit Mehl bestreut, und wenn es gelb wird, giebt man noch ein Paar Löffel Zucker dazu, welcher eine braune Farbe macht. Endlich gießt man einen guten halben Schoppen Fleischbrühe, etwas Weinessig mit Salz dazu, fügt einige Citronenscheibchen dazu und läßt alles vor dem Anrichten noch eine halbe Stunde aufkochen.

A. Warme Saucen.

51. **Kräuter-Sauce.**

Zwiebel und beliebige hiezu geeignete Kräuter, als z. B. Bertram, Thymian, Sauerampfer, Petersilienkraut und Basilikum werden fein geschnitten und zu einem Stückchen zerlassenen Fett oder Butter in den Tiegel gegeben. Sie werden ein bischen aufgedünstet, mit Mehl gestäubt und mit Weinessig und Fleischbrühe aufgefüllt; dann wird die Sauce, bis sie ganz dicklich ist, eingekocht und endlich auf kleinen Assietten servirt. Im Winter müssen gedörrte Kräuter die Stelle der frischen ersetzen.

52. Zwiebel-Sauce.

Man röstet eine kleine Handvoll Zwiebel in Fett mit Zucker, fügt ein Paar Löffel voll Mehl bei, rührt Alles wohl um und gießt endlich noch ein Paar Löffel voll guten Weinessig und einen Schoppen Fleischbrühe dazu. Wenn die Sauce sich dicklicht gekocht hat, wird sie angerichtet.

53. Kümmel-Sauce.

Von Schmalz und Mehl wird eine gewöhnliche starke braune Einbrenne gemacht, wozu Fleischsuppe und ein Löffel voll Kümmel kommt, welches alles miteinander gut verkocht wird. Um den Kümmel zu entfernen, wird die Sauce vor dem Anrichten durch ein Sieb geseihet.

54. Sardellen- oder Härings-Sauce.

Fünf oder sechs Sardellen, oder ein frischer Häring, werden gewaschen, gereinigt und entgrätet; das Uebrige aber stößt man im Mörser mit drei hart gesottenen Eierdottern. Man giebt dann ein Stückchen

Butter und einen kleinen Löffel voll Mehl dazu, streicht dieses zusammen durch ein Haarsieb, gießt Fleischsuppe daran, läßt Alles noch ein wenig einkochen und richtet dann die Sauce zum Auftragen an.

55. Kapernsauce.

Folgende Ingredienzen werden zusammen gerührt, als: zwei Löffel voll feines Mehl mit etwas Wasser und allmählig drei Gelbe von Eiern dazu; ein Stückchen Butter; Salz; zwei Löffel voll fein gehackte und zwei Löffel voll ganze Kapern, endlich ein halber Schoppen Wein und eben so viele Fleischbrühe. Das Ganze wird auf Kohlenfeuer unter fortwährendem Rühren so lange gekocht, bis es sich dicklicht zeigt, worauf man diese sehr pikante Sauce anrichtet.

56. Paradiesäpfel-Sauce.

Die zu Spalten geschnittenen Paradiesäpfel werden mit Butter in den Tiegel gelegt und bei starker Kohlengluth ganz weich gedünstet. Man stäubt dann ein Paar Löffel voll Mehl daran, gießt einen Schöpflöffel voll Fleischbrühe und ein Glas voll Wein daran, fügt ein Stückchen Zucker, aber nur wenig Salz bei und läßt alles dicklicht einkochen. Vor dem Anrichten wird diese zum Rindfleisch ungemein wohlschmeckende Sauce durch ein Sieb gestrichen.

57. Gurken-Sauce.

Frische, abgeschälte und feinblätterig aufgeschnittene Gurken werden mit Butter in der Casserolle weich gedünstet, mit Mehl gestäubt und mit ein Paar Löffel voll Suppe und ein wenig starkem Weinessig aufgefüllt. Das Ganze wird gut verkocht und dann gleich über dem Rindfleische oder in einer Sauçière gegeben.

58. Mandelkreen.

Dicke Kreenwurzeln werden sauber gewaschen, aufgerieben und mit etwas Semmelbröseln vermischt. Dann werden süße Mandeln (etwa eine Hand voll) in siedendem Wasser aufgeschwellt, abgeschält und im Mörser klein gestoßen. Ferner legt man ein Stückchen Butter in den Tiegel, läßt einen Löffel voll Mehl darin anlaufen, und bringt den geriebenen Kreen mit den Semmelbröseln, so wie die Mandeln und noch ein Stückchen Butter dazu; zuletzt giebt man süßen Rahm oder gute Milch daran und läßt Alles zusammen gehörig aufkochen.

59. Semmelkreen.

Der Kreen wird vorerst wie bei Nro. 58. behandelt, dann auch mit Semmelbröseln, so wie mit Salz und Pfeffer gemischt und dicklicht eingekocht. Manchem Geschmack sagt es aber mehr zu, diese warme Sauce vor dem Anrichten mit etwas gutem Weinessig zu säuern.

B. Kalte Saucen.
60. Kalte Kreen.

Der Kreen oder Meerrettig wird geputzt, mit Semmelbröseln gerieben, und dann mit Essig und Oel, Salz und Pfeffer angemacht.

61. Borasch.

Der sorgfältig gewaschene Borasch wird fein zusammen geschnitten, gesalzen, stark ausgedrückt und dann mit Essig, Oel und Pfeffer angemacht. Eben so wird mit frischen, geschälten und feinblätterig aufgeschnittenen Gurken verfahren.

62. Kaunitz-Sauce.

Eine Hand voll abgezogener Mandeln (m. sehe Nro. 58.) mit etwas Zucker und sechs harten Eierdottern werden im Mörser klein gestoßen, und dann in einer Saucière (kleinen, tiefen Schüssel) mit Oel und Essig so angemacht, daß die Sauce dicklicht bleibt. Vor dem Anrichten giebt man ein bischen fein geschnittenen Lauch und Petersilienkraut dazu.

III. Gemüse.

63. Kartoffelgemüse auf gewöhnliche Art zubereitet.

Man läßt in einem Tiegel eine verhältnißmäßig gute Portion Butter oder Fett mit einer Handvoll länglich und fein geschnittener Zwiebeln ganz gelbbraun werden, dann giebt man die bereits gesottenen, abgeschälten und in Scheiben geschnittenen Kartoffeln nebst Salz und Pfeffer darein, und wendet sie einige Male darin um; sind sie noch zu trocken, so gießt man etwas fette Suppe auf. Sehr häufig wird in bürgerlichen Küchen unter das also bereitete Gemüse guter Essig geschüttet.

64. Kartoffeln mit saurem Rahme.

Man giebt weichgekochte, geschälte und in Scheiben geschnittene Kartoffeln mit Fett, Salz und gewiegten Zwiebeln in einen Tiegel, wendet sie öfters auf der Gluth um und wenn sie schön gelb werden, gießt man einen Schoppen sauren Rahm darüber, läßt ihn heiß werden und servirt dann.

65. Kartoffel-Brei oder Mus.

Hiezu werden insbesondere mehlichte Kartoffeln ausgewählt, dann ungekocht geschält, in Scheiben geschnitten und in Salzwasser gekocht. Von den weichgekochten Kartoffeln gießt man das Wasser ganz rein ab, zerdrückt sie dann mit einem Kochlöffel ganz fein und giebt während dem Zerdrücken immer anderes kochendes Wasser daran, bis aus dem Ganzen ein dickes Mus wird. Zuletzt kommt noch eine Handvoll fein geschnittener Zwiebeln, in Butter oder Schmalz braun geröstet, darauf. Man kann den Brei auch, statt mit kochendem Wasser, mit heißem süßen Rahm anrühren, dann bleiben aber die Zwiebeln weg, und wird allein Butter darauf gebrannt.

66. Sauerkraut.

Zu etwa drei Händen voll Sauerkraut wird ein Stückchen Fett (insbesondere geeignet ist Gänsefett) zerlassen und nebst Zwiebeln in das Kraut gegeben, welches mit ein Paar Eßlöffel voll Fleischbrühe und eben so viel gutem Weineßig (oder besser noch Wein) langsam gedünstet wird. Wenn das Gemüse mürbe

ift, ſtäubt man Mehl daran und giebt es, ſchön gelb,
auf die Tafel.

67. Weißes Kraut.

Die äußern unreinen Blätter werden von den
Krautköpfen weggenommen, dann zerſchneidet man das
gepuzte Kraut nach Belieben, und brüht es mit ein
wenig Salz in ſiedendem Waſſer, bis es weich wird.
Hierauf kommt das Kraut in einen Seiher oder Durch-
ſchlag, wo es mit kaltem Waſſer abgeflößt wird,
dann bringt man es, wenn es gehörig abgelaufen und
ausgepreßt iſt, in ein anderes Geſchirr, ſtreut etliche
Löffel voll weißes Mehl darauf, legt ein Stückchen
Gänſefett und Bratenbrühe oder Butter dazu, fügt
ein wenig Kümmel und Pfeffer bei, gießt ein bischen
Fleiſchbrühe daran und läßt es noch eine Stunde kochen. Zuweilen giebt man auch ein wenig guten
Weineſſig an das Gemüſe, welches öfters umgerührt
werden muß, daß es nicht anbrennt.

68. Blaues Kraut mit Kaſtanien.

Die äußern unreinen Blätter werden ebenfalls
wieder vorerſt bei Seite geſchafft, alsdann ſchneidet
man das Kraut länglich und fein, legt Fett mit fein
geſchnittenen Zwiebeln in einen Tiegel, giebt das
Kraut hinein, ſtreut Salz und ein wenig Mehl daran,
rührt es öfters auf, giebt fortwährend ein bischen
Fleiſchbrühe daran, und zulezt ein Stückchen Zucker,
ein Glas Wein oder ein wenig Weineſſig; von lez-
term aber wird das Kraut roth ſtatt blau. Wenn

das Gemüse kurz eingekocht ist, wird es servirt. Die Kastanien werden vorerst gebraten, dann abgeschält, noch etwas mit dem Kraute aufgekocht und endlich mit demselben angerichtet.

69. Wirsching.

Von drei bis vier Wirschingköpfen werden die äußern und stärksten Blätter weggenommen. Die Köpfe selbst werden zu Vierteln oder noch kleiner verschnitten, aus frischem Wasser sauber herausgewaschen, und mit siedendem Wasser und Salz zum Feuer gesetzt, wo man sie zugedeckt kochen läßt, bis sie weich werden; dann kommen sie in einen Durchschlag, daß das Wasser abläuft und werden noch ein Mal mit frischem Wasser abgespühlt. Inzwischen läßt man ein Stück Butter im Tiegel zergehen, röstet zwei Löffel voll Mehl darin, gießt Fleischbrühe zu und fügt Muskatblüthe und Pfeffer bei; der Wirsching kommt dann in die Brühe und muß noch eine halbe Stunde kochen.

70. Winterkohl.

Der sorgfältig gepußte, und von seinen Stängeln befreite Kohl wird, bis er weich, in Wasser gesotten, ausgedrückt, fein zusammen geschnitten und mit reichlichem Fette und Fleischbrühe gedünstet; dann giebt man ein Stückchen Zucker daran und läßt ihn vollends verkochen. Man servirt dieses Gemüse auch, so wie das blaue Kraut (man sehe den Art.) mit Kastanien.

71. Feldbohnen.

Die erste grüne, so wie die zweite weiße Schale muß von den Bohnen vorerst abgeschält werden, dann läßt man sie in gutem Fette weich dünsten, stäubt ein wenig Mehl zu, gießt etwas Fleischbrühe daran, fügt noch ein wenig sogenanntes Bohnenkraut bei und läßt damit das Gemüse recht gut verkochen.

72. Kohlrabi.

Nachdem man sie abgeschält und in dünne Scheiben geschnitten, werden sie mit Salzwasser, bis sie weich werden, gebrüht, worauf man das Wasser durch einen Seiher abgießt, die Kohlrabi in ein anderes Geschirre bringt, mit etwas gestoßenem Pfeffer würzt und siedende Fleischbrühe zugießt. Inzwischen röstet man Mehl mit klein geschnittenen Zwiebeln in Schmalz, giebt endlich die Kohlrabi mit derselben Brühe darein, in der sie schon vorhin gekocht haben und läßt das Gemüse noch eine Stunde kochen. Wenn man gute Bratenbrühe vorräthig hat, und solche beigießt, werden die Kohlrabi noch um vieles schmackhafter.

73. Gelbe Rüben.

Nachdem die Rüben geschabt, und in Stücke zusammen geschnitten worden sind, läßt man sie in einem Tiegel bei einem Stücke Butter, indem man sie häufig umrührt, weich dünsten, stäubt Mehl daran, siebet zuletzt etwas süßen Rahm mit Zucker bei, und läßt die Rüben damit gut verkochen. Statt des Rahmes kann man auch Fleischbrühe nehmen.

74. Bayerische oder Steckrüben.

Sie werden sorgfältig geschabt und gewaschen, in einen Hafen gebracht, der aber mit den Rüben bis an den Rand voll werden muß, alsdann gießt man ungehopftes braunes Bier daran, stellt die Rüben zum Feuer, und füllt beim Einsieden immer wieder mit demselben Biere auf. Wenn die Rüben endlich weich gesotten sind, dünstet man sie mit Fett und Zucker vollends braun und dicklicht.

75. Weiße Rüben.

Auch sie legt man, geschält und fein länglich geschnitten, in den Tiegel, wo sie mit Fett und Zucker, auf öfter angegebene Art, ganz braun gedünstet werden. Man stäubt dann etwas Mehl daran und gießt, wenn es erforderlich, etwas Fleischbrühe bei, worauf man das Gemüse kurz einkocht und es vor dem Anrichten nur ein klein wenig salzet.

76. Spinat.

Er wird rein ausgelesen und gewaschen, mit Salzwasser übersotten, mit frischem Wasser wieder abgespült, ausgedrückt und mit dem Wiegemesser fein zusammen geschnitten. Alsdann läßt man in einem Tiegel Butter mit ein Paar Löffel voll Mehl anlaufen, giebt den Spinat dazu, läßt ihn dünsten, gießt allmählig Fleischbrühe zu, und läßt das Gemüse kurz und ganz dick einkochen; übrigens kann der Spinat auch, statt mit Fleischbrühe, mit Milch gekocht werden, doch ist die letztere Art weniger gewöhnlich.

77. Spargel mit Butter-Sauce.

Vorerst wird der Spargel sorgsam geputzt und das an demselben unten befindliche weiße Holzige gänzlich weggeschnitten, dann wird er in einer kupfernen oder messingnen Pfanne in Salzwasser weich gesotten, und endlich aus dem Wasser gehoben und auf einer Schüssel also angerichtet, daß die Köpfe alle einwärts oder nach der Mitte zu gerichtet sind. Die Sauce, welche nun über die Spargel gegossen wird, bereitet man, wie folgt: Ein Stück Butter wird mit ein Paar Löffel voll Mundmehl abgerührt und sodann gute Fleischsuppe darauf gefüllt, welche man, mit Muskatnuß gewürzt, unter beständigem Rühren gut aufkochen läßt. Diese Sauce muß übrigens ganz weiß bleiben.

78. Spargel mit zerlassener Butter und Citronensaft.

Man seihet das Wasser von dem weich gekochten Spargel schnell ab, überstreut ihn mit Semmelbröseln, übergießt ihn mit recht heißer Butter, träufelt Citronensaft darauf und giebt das Gericht schleunigst zur Tafel.

79. Karfiol oder Blumenkohl mit Butter-Sauce.

Der Karfiol wird sorgfältig geputzt und insbesondere dessen Haut recht sauber vom Stängel abgezogen, alsbann kocht man ihn in Salzwasser weich; ferner wird er recht zierlich, in Rosenform, angerichtet und über dieses treffliche Gemüse zuletzt die oben bei Nro. 77. beschriebene Sauce gegossen.

80. Karfiol mit einer andern Sauce.

Es werden zwei Löffel voll feines Mehl mit Weinessig, Salz, einem Stückchen Butter und 2 Eierdottern abgerührt und mit guter Fleischbrühe unter fleißigem Umrühren dicklicht gekocht. Diese Sauce wird dann über den weich gesottenen Karfiol vor dem Anrichten gegossen.

81. Schwarzwurzel.

Man schabt und wäscht die Wurzeln sorgfältig ab, weicht sie einige Zeit in Milch, übersiedet sie in Salzwasser, stößt sie gut ab und giebt vor dem Anrichten die bei Nro. 77. erwähnte Buttersauce abran.

82. Endivien-Gemüse.

Von nicht allzu gelbem Endivien-Salate werden die etwas bittern Stängel ausgeschnitten, die Blätter dann sauber gewaschen, in Salzwasser übersotten, abgeschwänkt und gut ausgebrückt, ferner zusammen doch nicht allzu fein geschnitten und in Fett gedünstet; hierauf wird Mehl daran gestäubt, ein wenig Fleischbrühe zugeschüttet und ein Stückchen Zucker damit verkocht.

83. Zuckererbsen.

Man zieht von den Schoten die Fäden ab, wäscht sie, und dämpft sie dann mit Salz und Butter eine kleine Stunde im Tiegel. Alsbann wird ein wenig gute Fleischbrühe aufgegossen, Semmelmehl, oder in Butter gelb geröstetes Mehl nebst ein wenig

Muskatnuß beigegeben und das Gemüse noch so lange gekocht, bis es ganz weich ist.

84. Pflück- oder ausgelöste Zuckererbsen mit süßem Rahm.

Man nimmt von den feinsten, ausgelösten Erbsen, so viel man bedarf und läßt sie in einem Tiegel mit Butter weich dünsten, dann giebt man gesottenen süßen Rahm mit Zucker daran, läßt damit das Gemüse noch etliche Male aufkochen, aber nicht zu lange, sonst gerinnt der Rahm. Salz darf zu diesem Gemüse nicht genommen werden.

85. Bohnen.

Sie werden, wie die Zuckererbsen, abgezogen, klein geschnitten, in Salzwasser abgebrüht, bis sie weich sind, abgeseihet und mit frischem Wasser abgeschwänkt; dann läßt man sie mit Fett, fein geschnittenen Zwiebeln und Peterfilien in einer Casserolle dünsten, fügt ein wenig Stäubemehl, Salz und Pfeffer bei, gießt ein bischen Fleischbrühe zu und läßt Alles zusammen kurz einkochen, auch pflegt man das Gemüse je nach dem Geschmacke der Gäste, mit etwas wenigem Weinessig vor dem Anrichten zu säuern. — Die sogenannten eingemachten Bohnen werden eben so gekocht, nur daß man sie die Nacht zuvor in frisches Wasser legen muß.

86. Erbsengemüse.

Die sauber ausgelesenen und gewaschenen Erbsen

werden mit siedendem Wasser zum Feuer gesetzt; wenn sie eingekocht sind, füllt man sie mit heißer Fleischbrühe auf, giebt Zwiebeln, Majoran, Salz, und ein wenig Bohnenkraut, nebst halb geräuchertem oder frischem Schweinfleisch dazu und läßt sie ganz weich kochen. Hierauf nimmt man das Fleisch heraus, treibt die Erbsen durch den Durchschlag, macht Schmalz heiß und röstet dasselbe mit einem Löffel voll Mehl und einer Zwiebel ein, rührt das zerlassene Schmalz an die Erbsen, bringt das Fleisch wieder dazu und läßt Alles zusammen noch eine Viertelstunde kochen.

87. Linsengemüse.

Es werden die Linsen, so wie die Erbsen, mit Wasser zugesetzt. Hierauf wird ein Stück Schweinfleisch halb gesotten, und mit der Brühe desselben die Linsen aufgefüllt; ferner werden Petersilien-, Sellerie- und Poriwurzeln zusammengebunden und sammt dem Fleische zu den Linsen gebracht. Wenn die Linsen weich sind, nimmt man die Wurzeln heraus, und dünstet, wie bei den Erbsen, Mehl mit Zwiebeln an das Linsengemüse, welches mit Weinessig gewürzt wird und noch eine halbe Stunde kochen darf. Uebrigens kann der Weinessig auch wegbleiben.

88. Rübenkraut.

Es wird vorerst mit Essig und Salz eine Stunde im Wasser gekocht; dann wird, auf in diesem Abschnitte öfters erwähnte Art, Fett mit Mehl und Zwiebeln in einem Tiegel geröstet und das Kraut, nachdem von selbem ehevor das Wasser abgegossen wurde, darein gegeben, endlich kann man das Ganze noch durch eine Dareingabe, am besten Gänseschmalz oder gedünstetes Schinkenfett, schmackhafter machen ꝛc.

89. Schwämme.

Sie werden geschält, gewaschen und im Tiegel mit Butter auf Kohlengluth gebracht, wo sie bald eine Sauce ansetzen. Man läßt diese Sauce kurz einkochen und giebt Stäubemehl, klein geschnittene grüne Petersilien mit Salz und Pfeffer daran und läßt Alles vor dem Anrichten noch gut einkochen. Uebrigens darf nicht unterlassen werden, mit den Schwämmen eine weiße Zwiebel zu kochen, wenn diese im Kochen die Farbe ändert, befinden sich unter den Schwämmen giftige und muß dann nicht nur gleich die Speise weggeschüttet, sondern auch der Tiegel zerschlagen werden, in welchem sie bereitet worden sind. (M. s. auch S. 8.)

90. Artischocken.

Sie werden sorgfältig geputzt, die Spitzen werden mit einer Scheere abgeschnitten und die äußersten Blätter bei Seite geschafft. Wenn sie sodann im Salzwasser weich gesotten sind, seiht man sie ab, nimmt bei der Mitte den sogenannten Bart, nämlich das Rauhe und Faserige des Gewächses, heraus und macht eine Sauce von Butter, Mehl, einigen klein gewiegten Sardellen mit Petersilienkraut und kräftiger Fleischbrühe. Die Artischocken werden sofort zierlich auf einer Platte angerichtet und die Sauce darüber gegeben, doch kann man nach Belieben auch die bei Nro. 77. erwähnte Buttersauce in Anwendung bringen.

IV.
Gemüse-Auflagen und insbesondere auch Würste.

91. Kalbs-Côteletten (Karbonaden).

Von einem schönen Kalbskarbonadengrath wird die sogenannte Feder weggehauen und daraus werden möglichst große Côteletten geschnitten, so wie von den Rippchen die Haut abgestreift. Man klopft hierauf die Fleischstücke mit dem Hackmesser, oder mit dem Rücken eines andern Messers, wäscht sie sauber, bringt sie in eine flache Schüssel, bestreut sie mit Salz und begießt sie mit heißer Butter, in welcher klein geschnittene Zwiebeln ganz schwach gelb gedämpft wurden, worauf man die Fleischstücke einige Zeit stehen läßt. Wenn das Fett an denselben bereits gestockt ist, so bringt man sie wieder zur Kohlengluth, daß sie auf allen Seiten fein fett werden, bestreut sie allerwärts mit Semmelbröseln, welche mit klein gewiegtem Petersilienkraut vermischt sind, und bratet sie in einer flachen Pfanne oder auf dem Roste. Uebrigens muß man die Côteletten während des Bratens öfters mit zerlassener Butter bestreichen, oder sie gleich in einem reinen mit Butter wohl getränktem Papier braten.

92. Côteletten von Schweinfleisch.

Die Fleischstücke werden, wie bei der vorigen Nr.

auseinander gesetzt wurde, zugerichtet, geklopft, gesalzen und gepfeffert; dann bleiben sie ein Paar Stunden stehen. Hierauf läßt man die Côteletten im Tiegel mit Butter gelb dünsten, giebt endlich fein geschnittene Zwiebeln nebst ein wenig gutem Essig daran und läßt sie noch ein Viertelstündchen damit braten.

93. Côteletten von Schaffleisch.

Auch sie werden, wie die Kalbskarbonaden, zugerichtet, geklopft und gesalzen. Man pflegt sie dann gewöhnlich mit Knoblauch zu spicken und, wie angegeben, im Tiegel zu braten. Um sie saftig zu erhalten, gießt man nach und nach etwas weniges gute Fleischbrühe zu und bestreut sie vor dem Anrichten mit klein gewiegtem Petersilienkraut.

94. Gebackenes Gehirn.

Um alle blutigen Theile zu entfernen und das Gehirn recht weiß herzustellen, muß vorerst das Kalbs- oder Rindsgehirn recht gut ausgewässert werden, dann häutet man es ab, schneidet es in Stücke und salzt es gut; endlich wird es abgetrocknet, in Eiern und Semmeln umgewendet und im Schmalze rasch gebacken.

95. Gehirnbavesen.

Wenn das Gehirn, wie bei Nro. 94 berichtet, geputzt und zugerichtet worden, läßt man es in Salzwasser anlaufen, zerrührt oder zerhackt es mit dem Messer recht fein, pfeffert und salzt es, und giebt gewiegten Schnittlauch, Petersilienkraut und Citronschalen zu. Altgebackene Semmeln werden indessen zu dünnen Scheiben zerschnitten, einzeln mit dem Gehirn bestrichen und mit einer trockenen und darauf passenden Scheibe belegt. Diese Doppelscheiben werden dann im Gelben von Eiern umgewendet, gesalzen und im Schmalze gebacken.

96. Gebackene Kalbsleber.

Die Leber wird in Milch ausgeblutet, gehäutet, in kleine längliche Scheiben geschnitten, in zerklopften Eiern, Semmelbröseln, Salz und klein geschnittenen Citronschalen umgewendet, und aus heißem Schmalze rasch gebacken.

97. Kalbsfüße.

Die reinlich geputzten und gewaschenen Kalbsfüße werden in Salzwasser gesotten und wenn sie recht weich sind, von den Beinen, so gut es gehen will, abgelöst und in Stücke zerschnitten, dann werden diese Stücke in verklepperten Eiern gewendet, mit Salz, Semmelmehl und weißem Mehl bestreut und schnell aus dem Schmalze gebacken.

98. Gebackene Kalbsfüße auf andere Art.

Ein Paar Hände voll Mehl werden mit kaltem Bier angemacht, wozu man noch etwas vom feinsten Oel und Salz mischt; das Weiße von zwei Eiern, zu Schnee geschlagen, wird auch darein gerührt und der Teig vollends mit Bier so dünn gemacht, wie ein dünner sogenannter Spatzenteig. In diesem Teige

nun werden die gesottenen und zu beliebigen Stücken
zerschnittenen Kalbsfüße umgekehrt und im Schmalze
recht stark ausgebacken. In demselben Teige können
auch, was insbesondere zu bemerken ist, Kalbsgekröse, Priesen, junge Hühner und Tauben,
sehr schmackhaft gebacken werden.

99. Grillirte Kalbszungen.

Sie werden weich gesotten, warm gehäutet, in
längliche Scheiben geschnitten, mit heißer Butter übergossen, mit Limoniensaft beträufelt, endlich in gesalzenen Semmelbröseln umgekehrt und auf dem Roste oder
in der Casserolle gebraten.

100. Bratwürste.

Von einer schönen jungen Schweinskeule wird die
Haut abgeschält und müssen überhaupt die zähen faserigen Theile entfernt werden; das reine Fleisch dagegen wird auf dem Hackstock möglichst fein zusammengehackt oder gehauen, auch pflegt man unter 4 bis 5
Pfund Fleisch 2 Pfund guten Speck zu hauen, dann
das Ganze gehörig zu salzen und zu pfeffern und Citronenschalen darein zu geben. Uebrigens schüttet man
unter fortwährendem Abmischen eine halbe Maß Wasser an das Brät und füllt dasselbe endlich einen Finger
dick in Saitlinge (reine Schöpsendärme).

101. Leberwürste ohne Darm.

Die ausgeblutete und gehäutete Leber wird klein
gewiegt und werden Gewürze, Citronenschalen, zwei

Eier, Salz, Majoran u. dgl. dazu gegeben. Das Ganze wird nun bis zum Schäumen gerührt, mit etwas Semmelbröseln vermengt, in Speckscheiben eingerollt, mit Fäden umwunden und in einem niedern Tiegel fertig gebraten. Endlich nimmt man die Würste aus den Speckseiten und es eignen sich jene zu einer sehr feinen Gemüsebeilage.

102. Extra feine, kleine Blutwürste.

Man mischt zu einer halben Maß guten Schweins- oder Kalbsblutes eben so viel süßen Rahm, schneidet ¼ Pfund Mark in kleine Stücke, läßt es im Tiegel mit fein geschnittenen Zwiebeln anlaufen, bringt es unter das Blut und mischt ferner Salz, Pfeffer und Majoran dazu und recht untereinander, füllt sodann Alles in nicht weite Gedärme, und läßt es im warmen Wasser brühen, bis das Blut zusammen gegangen. Diese ganz trefflichen Würste werden dann in Butter umgekehrt und auf dem Roste gebraten.

103. Rinderne oder Wollwürste.

Sechs Pfund Keulen-Rindfleisch, noch warm vom geschlagenen Ochsen hergenommen, werden abgehäutet und von den Flechsen befreit, dann mit einem hölzernen Schlegel recht fein geschlagen; während des Schlagens giebt man etwa drei Maß Wasser und sechs Loth Salz darunter. Nachdem Alles gut abgemischt ist, läßt man das Brät über Nacht stehen, des andern Tags aber wird es noch ein wenig gesalzen und dann in die reinen Rindsdärme gefüllt.

104. Milzwürste oder sogenanntes umgekehrtes Milz.

Man bedarf dazu gerade so vieler Netze als Kalbspriesen und Milze; dann wässert man die Netze und Priesen ein, klopft die Milze und schneidet deren eines Ende weg. Hierauf drückt man einen hölzernen Kochlöffelstiel gegen das andere noch vorhandene Ende des Milzes und schiebt so das ganze Milz über den Kochlöffel, daß auf diese Art die innere Seite die äußere wird. Schlüßlich werden die gesalzenen Priese nebst Kräutern, Petersilie, fein gewiegten Citronenschalen, Salz und mit Semmelbröseln abgerührten zwei Eiern in die Milze gefüllt und die Außenseite der Letztern mit Grünem, Salz und Gewürz bestreut.

105. Hammelwürste.

Das Hammelblut wird geseihet und zum dritten Theil mit guter Milch versetzt, ferner giebt man klein geschnittene, in Butter gedämpfte Zwiebeln, Gewürznelken, Pfeffer, Ingwer, Salz und Majoran dazu. Das Ganze, wohl vermischt, wird in sauber geputzte Hammelsdärme gefüllt, und in heißem Wasser, welches aber nie ganz zum Sieden kommen darf, verwällt. Wenn man mit der Gabel in die Würste sticht und es läuft kein Blut mehr heraus, dann sind sie fertig.

106. Schwartenmagen.

Ein Paar Pfund Schweinfleisch vom Kinnbacken und Halsstück werden weich gesotten und in ganz kleine Stücke geschnitten, dann giebt man einige Löffel voll von zu Bratwürsten gehacktem Schweinfleisch, ein Glas voll Schweins- oder Kalbsblut sowie Salz, Pfeffer, Ingwer, Gewürznelken und Majoran zu. Nachdem diese Ingredienzen alle wohl durcheinander gemischt worden sind, werden sie in einen Schweinsmagen oder weiten Ochsendarm gefüllt, und langsam im heißen Wasser verwällt, dann herausgenommen und mit einer Stecknadel durchstochen, endlich zwischen zwei hölzerne Teller gelegt und beschwert, hierauf aber noch drei bis vier Tage in den Rauch gehängt.

107. Einfache Cervelatwürste.

Das magere Fleisch von einem Schwein-Schlegel wird mit Pfeffer, Salz, Gewürznelken und ein wenig Basilikum recht fein zerhackt und noch einmal im Mörser ganz zermalmet. Dann schneidet man Speck in möglichst kleine Stücke, mischt ihn nebst Kümmel unter das Fleisch, knetet dasselbe mit beiden Händen tüchtig durcheinander, stopft es recht fest in weite Rindsdärme und läßt die Würste sofort räuchern.

108. Salamiwürste.

Die magersten Theile von etwa fünf Pfunden Rindfleisch, und drei Pfunden Schweinfleisch nebst drei Pfunden Speck werden enthäutet, klein gehackt und zusammen abgemischt, worauf man Alles einen Tag und eine Nacht stehen läßt. Hierauf werden etwa 10 Loth Salz, 3 Loth gestoßener Pfeffer und 4 Loth Kardamomen unter das zerhackte Fleisch gemischt, welches man dann sogleich in weite Därme fest einstampft, und nachher die letztern mit Bindfaden stark zubindet.

Der Darm ist rings umher mit Nadeln zu durchstechen, die Würste selbst aber müssen am besten zur Winterszeit, auf einem luftigen Boden zum Durchtrocknen aufgehängt werden.

V.
Ragouts, auch verschiedene Arten sogenannten „Eingemachtes" und Voressen der bürgerlichen Küche.

109. Ordinäres Lungenragout.

Die Lunge wird gebrüht, ausgekühlt, länglich und möglichst fein geschnitten und kömmt dann, nebst Salz und Pfeffer, in einen Tiegel zu Butter, fein geschnittenen Zwiebeln und Limonienschalen, wo Alles zusammen eine Weile langsam dünsten muß; nachher giebt man ein Paar Löffel voll Stäubemehl zu, rührt das Ragout öfters um, und läßt es mit guter Fleischbrühe aufkochen. Gewöhnlich wird diese Speise auch vor dem Anrichten mit Citronensäure oder gutem Weinessig gesäuert.

110. Eingemachtes Kalbfleisch.

Das Fleisch wird in Stücke zerschnitten und im warmen Wasser sorgfältig ausgewaschen, dann in kaltes Wasser gelegt und aus demselben nach einer halben Stunde abermals ausgewaschen. Hierauf bringt man die Fleischstücke nebst Salz in den Tiegel und gießt halb Fleischbrühe und halb Wasser so viel auf, daß die Flüssigkeit im Geschirre so hoch als das Fleisch geht, dann deckt man den Tiegel zu und läßt die

Speise auf Kohlengluth kochen. Nach vollzogenem Abschäumen giebt man nebst einem Gläschen Wein, der aber auch wegbleiben kann, Citronschalen, abgesottene Morcheln, Muskatnuß, eine geschälte ganze Zwiebel und Thymian bei, läßt damit das Ganze wieder eine halbe Stunde kochen, dann röstet man zwei Löffel voll Mehl mit einem Stückchen Butter ganz weißgelb, rührt es mit der Kalbfleischbrühe an, und läßt es mit diesem noch so lange kochen, bis das Fleisch weich genug ist.

111. Kalbfleisch mit Sardellen.

Die Fleischstücke werden gewaschen und in Salzwasser nicht ganz gar gesotten, dann bringt man die Stücke in einen Tiegel, gießt etwas von der Brühe daran und läßt Alles mit einem Stückchen Butter und Muskatblüthe kochen. Hierauf giebt man 4—6 Loth gewaschene, ausgegrätete Sardellen, mit geschnittenen Citronschalen und Citronsafte bei, und läßt das Ganze vollends so auskochen, daß bei dem Anrichten nur wenige Brühe mehr vorhanden ist.

112. Gebräuntes Kalbfleisch mit Speck.

Man haut eine kleine Kälberbrust in Stücke, wäscht dieselbe sauber und legt sie einstweilen in siedendes Wasser. Inzwischen schneidet man grünen oder dürren Speck in Würfel und läßt ihn über dem Feuer mit drei Löffel voll Mehl braun rösten, legt dann das zuvor ausgedrückte und gesalzene Kalbfleisch hinein, und wenn es anfängt braun zu werden, gießt man Fleischbrühe auf, giebt Kappern, Champignons, Citronenschalen und ein wenig Weinessig bei, deckt hierauf das Fleisch wieder zu und läßt es in dieser Art vollends auskochen.

113. Fricandos (Fricandeaux) von Kalbfleisch.

Die Stücke — etwa eine Hand groß und drei Finger dick — werden aus einem Kalbsschlegel geschnitten, sauber gewaschen, über und über mit Speck gespickt und dann in eine Casserolle gebracht. Nun gießt man einen Theil Wein und zwei Theile Wasser daran, giebt Salz, Wurzeln, Zwiebeln und ein Stückchen Schinken zu, und läßt die Fricandos so lange darinnen sieden, bis sie zwar weich, aber noch ganz weiß sind. Hierauf bringt man die Fleischstücke in eine Schüssel, deckt sie zu und läßt sie kalt werden, die Brühe dagegen seihet man durch ein Sieb in das vorige Geschirre, und läßt sie einsieden, wobei man durch Umrühren sich vorsehen muß, daß sie sich nicht anhängt. Wenn die Brühe endlich ganz klar wird, fügt man noch etwas Fleischsuppe bei, und legt die Fricandos mit der gespickten Seite so lange hinein, bis sie die Brühe möglichst eingesogen haben, dann wendet man sie wieder um, beträufelt sie mit Citronensaft, bringt sie auf eine Schüssel und giebt die noch übrige Brühe nicht von oben, sondern von den Seiten zu.

*

114. Kalbsschnitzel.

Dünne, aus einem Kalbsschlegel geschnittene Schnitzel werden wie gewöhnlich, geklopft und gesalzen, und dann in Butter gedünstet; inzwischen dünstet man auch klein geschnittene Champignons oder Morcheln, (Maurachen) nebst Petersilienkraut in Butter, und wenn sie weich und kurz gesotten sind, bringt man sie auf die Schüssel und legt die Kalbsschnitzel darauf.

115. Kalbskopf.

Das Fleisch eines weich gesottenen Kalbskopfes wird in kleine Scheiben und Schnitzeln zerschnitten, welche schichtenweise auf eine mit Butter bestrichene Schüssel gelegt werden, indem man zwischen jede Schicht gebackene Semmelbröseln ziemlich dick aufstreut. Man giebt noch Citronensaft und ein bischen Fleischbrühe daran und läßt das Ganze auf Kohlengluth noch einmal aufkochen.

116. Kalbspriese.

Sie wird sauber gewaschen, mit Salz in Butter gedünstet, mit Petersilienkraut und Citronenschalen versehen und mit Mehl bestreut. Wenn die Priese anfängt gelb zu werden, wird sie mit Fleischbrühe aufgekocht, mit Citronensaft ziemlich reichlich beträufelt und dann angerichtet.

117. Kälbergekröse.

Es wird sorgfältig gewaschen, stark mit Salz durchrieben, in reinem Wasser öfters geschwenkt und gesotten. Wenn es weich ist, müssen die Drüsen sauber herausgenommen werden, worauf das Gekröse in einer oft angegebenen Citronensauce aufgekocht wird.

118. Geröstete Kalbsleber.

Die Leber wird gewaschen, abgehäutet, in möglichst dünne, längliche Stückchen geschnitten und mit weißem Mehl bestreut; dann wird sie mit Butter und fein geschnittenen Zwiebeln in einer flachen Pfanne geröstet, umgewendet, und wenn sie auf der andern Seite auch bald gelb ist, giebt man ein bischen Weinessig, gestoßene Gewürznelken und Salz zu. Wenn Alles noch eine halbe Viertelstunde über schnellem Feuer gewesen, richtet man die Leber an und streut klein geschnittene Citronschalen darüber.

119. Hammelfleisch-Ragout.

Es wird das Fleisch in kleine Stücke zerhauen, sauber gewaschen und dann in einem Tiegel, mit siedendem Wasser und Salz, so auf Kohlen gesetzt, daß das Wasser nur gerade das Fleisch bedeckt. Wenn Letzteres anfängt zu kochen, muß es sorgfältig abgeschäumt werden, dann giebt man Weinessig, ein bischen ganzen Pfeffer, Zwiebeln, Salz und Lorbeerblätter zu, und läßt es damit so lange kochen, bis Alles weich ist. Endlich röstet man zu etwa zwei Pfund Fleisch zwei Löffel voll Mehl in heißem Schmalz ganz trocken und gelbbraun, giebt noch Zwiebeln zu und röstet selbe ein wenig mit, rührt es mit der Brühe vom Hammelfleisch an, gießt es wieder auf das Fleisch

und läßt es mit zwei Händen voll Kappern und Ci=
tronenschalen auskochen.

120. Kalbs=Hachis.

Kalter Kalbsbraten wird mit Citronenschalen, je=
doch nicht sehr fein, zerwiegt, dann röstet man etwas
Semmelmehl in Butter ganz weißgelb, giebt das Ge=
häcke mit ein wenig geriebener Mußkatnuß hinein,
rührt Alles fleißig durcheinander, und gießt ein wenig
Wein und Fleischbrühe dermaßen daran, daß das
Ganze wie ein Brei wird, welches man nun noch eine
Viertelstunde auf gelindem Kohlenfeuer kochen läßt.

121. Ochsengaumen.

Er wird mit Sorgfalt gewaschen, weich gesotten,
zu dünnen, länglichen Schnitzeln zerschnitten und dann
in einem Tiegel mit Fett, fein gewiegtem Petersilien=
kraut, Salz und Citronenschalen geröstet, mit Sem=
melbröseln bestreut, mit Citronensaft betrauft und an=
gerichtet.

122. Kuheiter.

Nachdem es mit Salz ganz weich gesotten, wird
es gehäutet, zerschnitten, in kurzer Citronensauce, wie
dieselbe öfters angegeben, aufgekocht und servirt.

123. Ochsenschweif.

Wenn er vorerst weich gesotten, wird er glied=
weise zertheilt und in Butter oder Fett mit Zwiebeln,
Lorbeerblättern, Citronenschalen und Essig gedünstet.
Die sich dadurch bildende Sauce wird zuletzt durchge=

seiht, dann mit Fett, Zucker und Mehl ganz dunkelbraun geröstet, worauf der Ochsenschweif darinnen vollends ausdünsten muß.

124. Ochsenzunge.

Sie wird gewaschen, mehrere Male recht stark mit Salz gerieben, und jedesmal wieder gewaschen, damit alle Schleimtheile entfernt werden mögen. Hierauf legt man sie wieder in's Wasser und siedet sie dann, jedoch muß sie wenigstens eine Stunde länger als gewöhnliches Ochsenfleisch sieden. Wenn die Zunge weich ist, wird die weiße Haut von derselben abgeschält, und die Zunge selbst der Länge nach auseinander geschnitten, worauf man zu dieser Speise folgende Sauce bereitet. Man röstet drei Löffel voll Mehl mit heißer Butter und läßt es dunkelgelb werden, gießt auch Essig und von der Zungenbrühe so viel daran, daß die Sauce weder zu dünn, noch zu sauer wird; ferner kommen dazu: ein halber, sauber gewaschener und abgehäuteter Häring, fein zerhackt, oder statt dessen etliche Sardellen, dann zerschnittene Zwiebeln, Pfeffer und Citronschalen. Dieses Alles läßt man eine halbe Stunde zusammen kochen, giebt endlich noch einen Löffel Kappern dazu und richtet die Brühe durch einen Seiher über die Zunge an.

125. Kuttelflecke.

Mehl wird in Fett geröstet, mit Fleischsuppe, Essig, Gewürz und Salz angerührt, worauf die gekochten und fein geschnittenen Kuttelflecke hinein gegeben und noch einmal damit aufgekocht werden.

126. Ochsenfuß und Maul.

Sie werden rein geputzt, gekocht, in kleine Stücklein zerschnitten und sofort in einer Citronen-, Petersilien-, oder Kappernsauce noch eine Viertelstunde aufgekocht.

VI.
Geflügel und Wildpret, gedünstet oder aber in Brühen.

127. Fricassirte junge Hühner.

Nachdem die Hühner abgestochen, in Wasser gelegt, abgebrüht und sauber gewaschen worden sind, werden sie zu Vierteln zerschnitten, wieder eine halbe Stunde in frisches Wasser gelegt und dann noch ein Mal gewaschen. Hierauf läßt man Butter im Tiegel zergehen, bringt die Hühnerstücke nebst Salz und fein geschnittenen Zwiebeln dazu, läßt sie etwa 10 Minuten dünsten, giebt ein wenig Mehl daran, kehrt die Hühnerstücke darin um und läßt sie wieder anziehen. Indessen verrührt man drei Eierdotter mit Weinessig, giebt so viel erforderlich, Fleischbrühe zu, gießt die Sauce mit Citronenschalen, etwas Muskatblüthe und einem Glase Wein an die Hühner, und läßt sie damit noch eine halbe Stunde schnell kochen. Auf dieselbe Art kann man auch Enten und Tauben fricassiren.

128. Junge Hühner mit Champignons.

Die reinlich geputzten, gewaschenen und zugerich=

teten Hühner werden in guter Fleischsuppe abgekocht, die Champignons aber, nachdem sie ebenfalls sorgfältig geputzt und gewaschen worden, in einem Tiegel mit Butter gedünstet und auf einer Platte angerichtet. Die Hühner werden sofort auf die Champignons gelegt und servirt.

129. Junge Hühner, in ihrem Blute gedünstet.

Man nimmt von den geputzten Hühnern Kopf sammt Kragen, Flügel, Brust und die hintern Bügel ab, und theilt den Steiß und Rücken in zwei Theile, so daß man im Ganzen 8 Stücke erhält. Diese werden dann wie bei Nro. 127. gedünstet, und wenn sie weich sind, wird das Blut mit einem Stücke Zucker dazu gerührt und gekocht.

130. Tauben im Blute.

Wenn sie einige Zeit in Essig oder Wein gebeizt worden sind, theilt man die Tauben in vier Theile, dünstet sie, wie oben bei den Hühnern angegeben, und röstet, während das Blut mit Zucker daran gegeben wird, Chalotten, womit die angerichteten Tauben garnirt werden.

131. Gedämpfte Enten mit Kappernbrühe.

Wenn die Enten ausgenommen und einige Male aus frischem Wasser sorgfältig ausgewaschen worden, salzt und legt man sie in einen Tiegel in zerlassene Butter, und läßt sie dämpfen, bis sie gelb sind. Dann bringt man sie in ein anderes Geschirr, gießt heiße Fleischbrühe und ein Glas Wein daran, giebt etliche ganze Zwiebeln, Citronenschalen, ein bischen Pfeffer, Muskatnuß, einige Gewürznelken zu, und läßt sie damit kochen. Eine halbe Stunde vor dem Anrichten röstet man ein Paar Löffel voll Mehl ganz dunkelbraun, rührt es mit der Entenbrühe an, fügt vier Löffel voll Kappern bei und läßt so das Gericht vollends auskochen, über welches vor dem Serviren länglich geschnittene Citronenschalen zierlich gelegt werden.

Auf dieselbe Art werden auch wilde Enten zubereitet, nur nimmt man zum Rösten halb Mehl und halb geriebenes, schwarzes oder Hausbrod, auch Essig und etwas Zucker zur Sauce. Uebrigens müssen Wildenten zuvor einige Tage in Essig gebeizt werden.

Auch zahme junge und alte Gänse werden, insbesondere wenn sie zum Braten zu klein sind, auf ähnliche Weise gedünstet, nur müssen auch diese jedenfalls vorerst gebeizt werden.

132. **Gänsegeräusch (Gänsepfeffer, Gansjung) schwarz zu kochen.**

Wenn man eine Gans absticht, läßt man das Blut derselben in einen Topf, in welchem sich etwas Essig und Salz befindet, strömen, und rührt es mit dem Messer, womit die Gans gestochen worden, so lange, bis es kalt ist, damit es nicht mehr gerinnt. Wenn hierauf die Gans gewaschen und zugerichtet worden, haut man von derselben den Kopf, Hals, die Flügel und Füße ab, welche Theile man, nebst dem Magen (er muß aufgeschnitten, abgehäutet und in kleinere Theile zerhackt werden) und der Leber, das Geräusch nennt. Dasselbe wird noch einmal gewaschen und mit Wasser und Salz ans Feuer gesetzt. Wenn es nun eine halbe Stunde gekocht hat, schäumt man es ab, und giebt eine ganze Zwiebel, Lorbeerblätter, Citronenschalen, ein wenig Pfeffer, Ingwer, Gewürznelken und Weinessig zu, womit man es weich kochen läßt, dann röstet man auf gewöhnliche Art Mehl in heißem Schmalze ganz dunkelbraun und fährt fort, das Geräusch in seiner eigenen Brühe etwa noch eine Viertelstunde kochen zu lassen; endlich bringt man das aufgefangene Blut durch einen Seiher an die Speise, rüttelt es wohl um und servirt.

An vielen Orten wird auf dem Viktualienmarkte das Gänsegeräusch besonders und ohne die Gans verkauft. Dasselbe wird dann ebenfalls auf die angegebene Art bereitet und bleibt in der bürgerlichen Küche stets eine beliebte Speise, welcher aber doch nur das aufgefangene Blut eine ganz eigenthümliche Würze verleiht.

133. Schwarzes Wildpret.

Man bringt ein Stück schwarzes Wildpret in einen angemessenen Topf und gießt halb Wein und halb Essig darüber her, daß der Topf voll wird, dann giebt man Salz, mit Gewürznelken bestecte Zwiebeln, Citronenschalen und Lorbeerblätter zu und läßt das Wildpret weich sieden. Vor dem Anrichten wird das Gericht mit Zwiebeln geziert, auch servirt man eine beliebige kalte Sauce dazu.

134. Hirschwildpret.

Ein schönes Stück Hirschwildpret vom Schlegel oder Ziemer wird halb in Essig und halb in Wasser gekocht, auch giebt man mit Gewürznelken besteckte Zwiebeln, Lorbeerblätter, Citronenschalen und einige Wachholderbeeren zu. Wenn das Wildpret weich ist, bringt man es auf die Platte, röstet geschnittene Zwiebeln und Semmelbröseln mit gestoßenem Zucker hellbraun, bestreut damit das Wildpret und servirt.

135. Hirsch- oder Rehziemer mit Kruste (Rinde).

Ein fetter Hirschziemer wird gewaschen, in eine Deckelcasserolle gelegt, eingesalzen und mit heißem Wasser übergossen, dann giebt man ein Paar mit Gewürznelken besteckte Zwiebeln, Lorbeerblätter, ganzer Pfeffer, Citronenschalen und ein bischen Weinessig zu und läßt damit den Ziemer so lange kochen, bis er hinlänglich weich ist. Inzwischen reibt man schwarzes und weißes Brod untereinander auf, mischt Zucker, gestoßenen Zimmet und fein geschnittene Citronenschalen darunter, nimmt den Ziemer heiß aus der Brühe, legt ihn in eine Bratpfanne, zieht von ihm die dünne Haut ab, bestreicht ihn mit verklepperten Eiern und drückt dann das aufgeriebene Brod, fingerdick und fest, auf die obere Seite des Ziemers, bestreicht es wieder mit Eiern, gießt ein wenig von der Ziemerbrühe darunter, und stellt dann das Wildpret so lange in den Backofen, bis es hübsch gelb wird, dann legt man es auf die Platte und servirt das Gericht mit irgend einer süßen Sauce. Der Rehziemer wird auf dieselbe Art bereitet.

VII.
Verschiedene Braten.

136. Gebratener Kalbsschlegel oder Schlegelbraten.

Ein schöner 5 oder 6 pfündiger Schlegel wird rein gewaschen, gesalzen und dann während zwei Stunden am Spieße oder in der Bratpfanne langsam und sorgfältig gebraten, öfters mit Butter bestrichen und mit Abtrauffauce begossen. Endlich bringt man ihn zum Anrichten auf die Platte und giebt ein Paar Löffel von der Sauce darüber. Ebenso wird Kalbsnierenbraten gebraten.

137. Gefüllter Kalbsbrustbraten.

Nachdem die Kalbsbrust sorgfältig gewaschen, wird an der äußern offenen Rippe die Doppelhaut gelöst und die ganze Brust untergriffen, jedoch muß man sehr Obacht geben, daß in die Haut kein Loch reißt. Nun reibt man drei Semmelrinden, röstet diese in Butter, schlägt vier Eier daran, giebt etwas Rahm, fein geschnittenen Lauch oder Petersilienkraut darunter, salzt es, füllt die Brust damit, vernäht oder verspaltet sie gut, bratet sie am Spieße oder in der

Röhre und bestreicht sie öfter mit Butter. Auf dieselbe Art werden auch **Tauben** gefüllt.

138. Schöpfenbraten.

Ein schöner Schöpfenschlegel wird, wie gewöhnlich, gewaschen, gesalzen und auf beiden Seiten mit Knoblauch besteckt, dann bratet man und bestreicht ihn öfter mit Butter, begießt ihn endlich mit Abtrauffauce und bringt ihn zur Tafel. Zeigt sich das Fleisch etwas zähe, muß der Schlegel vor dem Einsalzen tüchtig geklopft werden, daß er mürbe wird.

139. Schöpfenbraten mit Gurken.

Wenn der Schlegel wie bei Nro. 138. zugerichtet und gebraten worden, schält man drei Gurken und schneidet sie in das in einem Tiegel befindliche Abschöpffett des Schöpfenbratens, läßt sie darin anziehen, ohne sie zuzudecken, stäubt Mehl darauf, giebt Gewürz und Essig dazu, rüttelt sie, hebt von der Sauce etwas heraus, begießt damit den Braten mehre Mal und giebt vor dem Serviren die gekochten Gurken selbst dazu.

140. Lammbraten.

Ein viertel oder halbes Lamm wird eingesalzen und mit Butter in der Raine auf die gewöhnliche, öfter angegebene Art schön braun gebraten. Man giebt dazu eine passende Sauce oder warmen Salat. Man kann den Lammsbraten auch füllen und verfährt dabei wie oben bei Nro. 137. angegeben.

141. Schweinsbraten.

Nachdem man eine schöne Schweinskeule vorerst tüchtig geklopft hat, wird sie mit Salz stark eingerieben und mit Zwiebeln in der Raine recht braun und rösch gebraten. Der Braten wird dann mit Citronsaft beträuft und nach Belieben mit Aepfeln oder Kartoffeln garnirt, muß aber dann jedenfalls noch einmal in die Bratröhre, damit die Zuthaten gehörig gar werden.

142. Gebratenes Spanferkel.

Das Spanferkel wird sorgfältig geputzt und gewaschen, und mit Salz und Pfeffer von innen und außen tüchtig eingerieben, dann der Länge nach am Bratspieße festgebunden; die Vorder- und Hinterfüße aber müssen aufgespreilt werden. Uebrigens muß das Spanferkel sehr schnell gebraten werden; wenn es schwitzt, wischt man es mit einem Tuche ab, bestreicht es einigemal mit Speck, wäscht es endlich wiederholt mit Bier und trocknet es immer wieder ab. Allenfallsige sich bildende Blasen müssen sogleich aufgestochen werden. In der Röhre muß das Spanferkel ganz auf ähnliche Art und ebenfalls sehr schnell gebraten, doch darf es nie gewendet werden, da der Rücken immer oben bleiben muß. Auch muß das Spanferkel, wenn es ausgebraten, auf der Stelle auf die Tafel gebracht werden, weil es sonst zusammenfällt.

143. Rehbraten.

Der Reh-Schlegel oder Ziemer wird abgehäutet,

gespickt, gesalzen, gewürzt und dann am Spieße oder
in der Röhre gebraten. Man beträufelt ihn mit Essig
und Butter, und giebt diese Sauce über den Braten,
bevor er servirt wird.

144. Hasenbraten.

Der Hase wird vorerst abgehäutet und einige Ta=
ge gebeizt, dann spickt man ihn mit Speck, salzt und
begießt ihn mehre Male mit heißem Essig. Hierauf
wird der Hase mit frischem Essig, Fett und Zwiebeln
in einer flachen Bratraine in der Bratröhre langsam
gebraten und entweder blos mit saurem Rahm und
Essig beträufelt, oder aber mit einer Rahmsauce und
Kappern servirt.

VIII.
Gebratenes zahmes und wildes Geflügel.

145. Hühner.

Sie werden einen Tag, ehevor sie zur Tafel be=
stimmt sind, abgestochen, trocken gerupft und ausge=
nommen, dann wäscht man sie aus warmen Wasser,
bricht, damit sie eine schöne Rundung bekommen, das
Brustbein aus, schneidet die Füße unter dem Knie,
halb Fingergliedlang, ab, bressirt sie gehörig, reibt sie
mit Salz und inwendig auch mit etwas Pfeffer ein
und läßt sie so eine halbe Stunde liegen. Hierauf
kömmt in das Innere des Huhnes ein Stück Butter
nebst Petersilienkraut und einer Scheibe Citronen; also
zugerichtet steckt man das Huhn an den Spieß und

bratet es unter beständigem Begießen mit zerlassener Butter gelb und saftig. Man kann die fertigen Hühner auch noch einmal mit heißer Butter begießen, sie mit Semmelbröseln bestreuen, diese auf starker Gluth schnell Farbe nehmen lassen und dann den Braten mit grüner Petersilie garniren und zur Tafel geben.

146. Gänse und Enten.

Es werden der rein gepuzten Gans oder Ente Kragen, Kopf, Flügel und die Füße nebst den Eingeweiden (man sehe Nro. 132.) abgenommen, dann wird sie rein ausgewaschen, mit Salz, Pfeffer und etlichen zerdrückten Wachholderbeeren von innen und außen tüchtig eingerieben, und in einer niedern Raine in das Bratrohr gebracht; hier bratet sie nur um desto rascher und schöner, je mehr man das Fett abschöpft, was durchaus geschehen muß. Beim Serviren muß die Brust aufwärts stehen und die Sauce wird darunter gegeben.

147. Kapaunen.

Beim Abschlachten, Rupfen ꝛc. wird eben so verfahren, wie bei Nro. 145. angegeben worden, dann reibt man die Kapaunen, nachdem sie noch einmal aus warmem Wasser gewaschen worden, von innen mit Salz und etwas Pfeffer, von außen aber lediglich mit Salz ein, spickt Brust und Schenkel mit Speck, steckt in die Oeffnung ein Stück Butter nebst Petersilie und Citronenscheiben, näht die Oeffnung mit Faden zu, steckt die Kapaunen an den Spieß und bratet sie mit der herabtraufenden Sauce und Butter, auf Kohlen langsam und saftig.

148. Indian.

Gleich nach dem Abnehmen wird dem noch warmen Indian das Brustbein eingeschlagen und der Kropf ausgenommen, dann rupft man ihn trocken, entfernt die Eingeweide, hackt die Hälfte der Flügel und die Füße ab, wäscht ihn mit kaltem Wasser rein aus, und läßt ihn wenigstens einen, bei kühler Witterung aber zwei oder drei Tage liegen. Wenn er endlich gebraten werden soll, wäscht man ihn mit warmem Wasser noch einmal gut aus, und reibt ihn inwendig mit Salz und Pfeffer, auswendig aber blos mit Salz tüchtig ein. Hierauf richtet man von einem Stückchen rein ausgeschabtem Kalbfleisch, halb so vielem Speck, der Leber von dem Indian, ein Paar Chalotten und etwas Petersilie eine feine Fülle zusammen, stößt diese mit einem Stück Butter, Salz, Muskaten und 4 bis 5 Eierdottern in einem Mörser gut ab, löst die Haut rund um die Brust herum ab, bringt die Fülle hinein, macht die Oeffnung zu, dressirt den Indian gehörig, spickt ihn zierlich, steckt ihn alsdann an den Spieß, bindet ein Paar mit Butter wohl bestrichene Bogen Papier darüber, und bratet ihn, indem man ihn noch fortwährend mit Butter beträufelt.

149. Gefüllte Tauben.

Nach dem Abnehmen werden die Tauben gerupft,

dann schneidet man Kopf und Füße weg, nimmt sie aus, und löst, so lange sie noch warm sind, die Haut von der Brust ab, wäscht sie rein, und reibt sie von außen mit Salz, inwendig aber mit Salz und etwas Pfeffer ein, läßt sie einige Zeit liegen, und bereitet dann folgende Fülle: Man wiegt die Leber und das Fleischige der Magen, ein Stückchen Speck, etwas Petersilie und einige Chalotten fein zusammen, durchweicht zu vier Tauben das Weiche einer Semmel mit Milch, drückt diese wieder aus, und dämpft es mit Butter, giebt dann das Gewiegte dazu, wendet es noch ein paarmal auf Kohlen damit um, und rührt es dann mit einem ganzen Ei und drei Eierdottern, Salz und Muskatenblüthe ab, füllt die Tauben damit, näht die Oeffnung mit Faden zu, überkocht sie vorerst ein wenig mit Fleischbrühe und bratet sie alsdann in einer Casserolle, mit zerlassener Butter und zugedeckt auf allen Seiten, langsam gelb. Man kann die Tauben auch ohne Fülle hübsch spicken und am Spieße mit Butter braten.

150. Fasanen.

Der Fasan wird gerupft und dessen Kopf abgeschnitten, dann wäscht man jenen, wenn er ausgenommen ist, mit Wein aus, reibt ihn in- und auswendig mit Salz, Nelken und ein wenig Pfeffer ein, und dressirt ihn sorgfältig; ferner steckt man in die Oeffnung ein Paar Citronenscheiben, bindet die Brust vorerst mit Speckscheiben, und dann den ganzen Fasan mit einem mit Butter bestrichenen Papierbogen ein, und bratet ihn sofort am Spieße, indem er abwechselnd mit Butter und Citronensaft beträuft wird. Bevor man servirt, werden Papier und Fäden entfernt, der Speck aber bleibt auf der Brust; die vorhandene Sauce wird durch einen Durchschlag darüber gegeben, der ungerupfte Kopf aber an ein Hölzchen gesteckt und dem Fasan wieder angepaßt, welcher sofort mit Citronen garnirt zur Tafel gebracht wird.

151. Wilde oder Schneegans.

Die Gans wird gerupft, ausgenommen und gut geklopft, dann kommt sie wenigstens auf ein Paar Tage in die Beize, welche aus gutem Essig nebst Zwiebeln, Kräutern und Lorbeerblättern zugerichtet wird. Nachher läßt man die Gans ablaufen, reibt sie tüchtig mit Salz und Pfeffer ein und bratet sie langsam am Spieße. In den Untersatz gießt man ein großes Trinkglas voll von der Beize und giebt ein Paar Citronenscheiben nebst einer Zwiebel und einem Lorbeerblatte dazu und beträufelt dann den Braten anfangs stark mit Butter und später mit der Sauce. Wenn die Gans beinahe fertig ist, läßt man die Sauce besonders kurz einkochen, und beträuft die erstere neuerdings stark mit Butter, daß sie Farbe bekommt, endlich giebt man die Sauce, durch einen Durchschlag getrieben, vor dem Serviren besonders dazu.

152. Wilde Enten.

Nachdem die Enten gerupft, ausgenommen, mit

Salz, Gewürznelken und Pfeffer gut eingerieben und wohl dreffirt worden sind, bratet man sie am Spieße mit Butter und Citronenfaft. Wenn die Ente bald fertig ist, wiegt man ein Paar Chalotten, eine Handvoll Kappern und ein Paar Wachholderbeeren fein, giebt dieses Gewiege mit ein Paar Löffel voll Essig in den Untersatz zu der Abtrauf=Sauce, läßt es damit noch ein bischen aufkochen, schöpft alsdann das Fett ab, richtet die Sauce, so wie sie ist und ohne sie durch einen Durchschlag passiren zu laffen, auf eine warme Platte an und legt die schön gelb gebratene Ente darauf.

153. Schnepfen.

Man rupft die Schnepfen bis an den Kopf, zieht über diesen die Haut sammt den Federn ab, nimmt sie aus, sondert von den Eingeweiden blos den Magen und bewahrt das Uebrige auf; ferner reibt man die Schnepfen mit Salz, Pfeffer und Gewürznelken in- und auswendig tüchtig ein, dreffirt sie, sticht den langen Schnabel unter dem Flügel quer durch die Seite, bindet die Bruft mit Speck ein und bratet sie an einem Spieße langsam mehr auf Kohlen, als am hellen Feuer, saftig. Inzwischen wiegt man das Eingeweide mit ein wenig ausgeschabter Milz, ein Paar Chalotten und etwas Citronenschalen ganz fein, röstet ein wenig Semmelbröseln mit Butter im Tiegel und giebt das Gewiege, so wie auch etwas Wein (am besten rothen Burgunder) und Citronenfaft, dann ein wenig Salz, Pfeffer und Gewürznelken dazu. Dieses Alles wird kurz eingekocht, etliche dünne Semmelschnitten in Schmalz ausgebacken, in Wein eingetaucht, auf die Platte gelegt, der Schnepfenkoth darauf gestrichen und sofort mit den gebratenen Schnepfen servirt.

154. Feld- oder Repphühner.

Nachdem sie gerupft, und von ihnen der Kopf und die Hälfte der Flügel abgeschnitten worden, wäscht man die Repphühner mit Wein aus, reibt sie mit Salz, etwas Pfeffer und Nelken in- und auswendig ein, dressirt sie gut, bindet mit Faden auf ihrer Brust Speck fest, giebt in die Oeffnung ein Stückchen Butter mit einer Citronenscheibe und bratet sie ebenfalls mit Butter und Citronensaft am Spieße. Beim Anrichten wird der Kopf, wie beim Fasan, wieder angepaßt, die Sauce durch einen Durchschlag über die Hühner gegeben und dazu halb auseinander geschnittene Citronen servirt.

155. Krammetsvögel.

Wenn sie gerupft und deren Füße und Flügel umgebogen, werden die Vögel eingesalzen und schnell am Spieße gebraten, aber fortwährend mit heißer Butter beträufelt. Bevor die Vögel ganz gar sind, werden sie mit feinen Semmelbröseln bestreut, dann noch ein wenig überbraten und servirt.

156. Lerchen.

Nach dem Rupfen werden Kopf und Flügel weggebrochen und die Füße umgebogen, dann werden die

Vögel mit Salz und Pfeffer bestreut und nach einer Viertelstunde auf Kohlen an einem eigenen kleinen Spieße schnell gebraten und immer mit Butter beträuft. Wenn sie schon auf der Platte, giebt man noch geriebenes und mit Butter gelb geröstetes Semmelmehl über die Lerchen, garnirt sie mit Petersilie und bringt sie zur Tafel.

157. Wachteln.

Sie werden gerupft, ausgenommen, von Kopf, Füßen und Flügeln entlediget, rein gewaschen und dann mit Salz und Pfeffer bestreut. Wenn sie eine halbe Stunde im Salze gelegen, werden sie an einem kleinen Spieße gebraten, mit Butter und Citronsaft beträufelt und dann gewöhnlich zu saurem oder blauem Kraute gegeben.

IX.
Warme und kalte Salate, so wie auch Compots.

A. Salate.

158. Warmer Speckfalat.

Fein geschnittenen, frischen Speck läßt man in einer Pfanne gelblich anlaufen, giebt ferner guten Weinessig mit Salz daran, läßt ihn mit dem Speck aufsieden und gießt sodann das Ganze an sorgfältig geputzten und gewaschenen Endiviensalat. Uebrigens kann man den Salat auch mit Butter warm anmachen.

159. Warmer Hopfensalat.

Der Hopfen wird sauber geputzt und gewaschen, in Salzwasser ausgesotten, mit frischem Wasser noch einmal gewaschen, dann mit Butter, Pfeffer, Salz und ein bischen Essig in den Tiegel gebracht und in selbem weich gekocht. Zuletzt fricassirt man diesen Salat mit einem Paar Eiern.

160. Warmer Krautsalat.

Man schneidet einen guten festen Krautkopf wie zu Sauerkraut, jedoch so fein als möglich, salzt das Kraut stark, läßt es stark beschwert 2 bis 3 Stunden stehen, drückt alsdann das Wasser aus, und schüttelt es leicht auf. Hierauf wird das Kraut mit Speck und Essig warm und ganz so angemacht, wie bei Nr. 158. bereits angegeben wurde.

161. Gewöhnlicher grüner Salat.

Vom Bolognese- und Endiviensalat wird das schönste Gelb heraus geschnitten; Köpfe oder sogenannte Herzeln aber schneidet man in vier Theile, wäscht sie sorgfältig, drückt sie dann wieder rein aus, und macht den Salat auf gewöhnliche Art mit Oel, Essig, Salz und ganz wenig Pfeffer an.

162. Bohnensalat.

Junge abgezogene, fein und länglich geschnittene Bohnen werden mit gesalzenem Wasser in einer messingenen Pfanne schnell weich gekocht, dann gießt man das heiße Wasser ab, und kaltes hinzu, schüttet

sie alsdann zum Ablaufen auf ein Sieb, bringt sie
ferner in eine Serviette, schwingt sie darin gut aus
und macht sie endlich mit fein geschnittenen Zwiebeln,
Essig, Oel, Salz und Pfeffer gut an.

163. Schneckensalat.

Die Schnecken werden weich gekocht, sauber ge=
putzt und dann mit Sardellen, hart gesottenen Eiern
und Zwiebeln ganz klein und fein zerschnitten. Die=
ses Alles mischt man gut durch einander und macht
es auf die gewöhnliche Art mit Essig, Oel, Salz
und Pfeffer an.

164. Häringsalat mit Kartoffeln.

Ein geputzter und ausgelöster Häring wird klein
gewürfelt aufgeschnitten und mit den gekochten und in
Scheiben geschnittenen Kartoffeln und Zwiebeln ver=
mischt und mit Essig, Oel ꝛc. angemacht. Einige
schneiden auch Borsdorfer= oder andere Aepfel fein ge=
würfelt darunter.

165. Italienischer Salat.

Eine halb tiefe Platte wird mit ganz dünn ge=
schnittenen Salami=Scheiben belegt, ferner schneidet
man Bricken und geputzte Sardellen länglich, legt
diese nebst Oliven und Citronenscheiben abwechselnd
auf die Salami, giebt ein Paar Löffel voll Kappern
darauf, klopft endlich Essig, Oel, Salz und Pfeffer
zusammen und gießt es darüber.

166. Selleriesalat.

Der Sellerie wird geputzt, abgebrüht, abgeschabt und dann eine Zeitlang in kaltes Wasser gelegt, hernach schneidet man ihn in dünne Scheiben, und macht ihn, wenn er abgelaufen ist, mit Essig, Oel, Salz und etwas Pfeffer an.

167. Spargelsalat.

Die Spargeln werden geschabt und von denselben das untere Weiße abgeschnitten, dann werden sie in Salzwasser gekocht und zum Ablaufen auf ein Sieb gelegt. Hierauf verklopft man Oel und Essig mit Salz und Pfeffer, legt die Spargeln auf eine Platte, daß die Köpfe nach innen sehen und gießt den Essig 2c. darüber.

168. Karfiolsalat.

Der geputzte Karfiol wird in beliebige Stücke zerschnitten, in gesalzenem Wasser weich gekocht und sofort zum Ablaufen auf ein Sieb gelegt. Hierauf verklopft man vier hartgesottene Eierdotter mit Essig, Oel, Salz und Schnittlauch, und macht damit die Hälfte des Karfiol an, von der andern Hälfte aber taucht man den obern Käse in Essig von rothen Rüben, setzt diesen rothen und weißen Karfiol nach der Schattirung in eine Salatiere, gießt die abgerührte Sauce neben hinein und bringt den Salat zur Tafel.

169. Kapuzinerblumen.

Sie werden in vier Theile zerrissen, mit Zucker

bestreut und mit Wein begossen, dann werden darauf einige Kappern, Orangenmark und Granatäpfel gelegt.

170. Süßer Rübensalat.

Saftige gelbe Rüben werden mit dem Wiegemesser möglichst fein zerschnitten, dann wird verhältnißmäßig weißer Zucker auf Pomeranzen abgerieben, und, bis er geläutert, in etwas Wasser aufgekocht; darin läßt man hierauf die gelben Rüben weich sieden, bringt sie auf eine Assiette, und giebt noch ein Glas Wein nebst Pomeranzensaft dazu.

171. Pomeranzen- oder Orangensalat.

Reife, schöne Orangen werden geschält, in Scheiben geschnitten, in eine halbtiefe Platte gelegt, dann mit Zucker dick bestreut und mit rothem Weine übergossen. Auf ähnliche Weise wird der Citronensalat bereitet.

B. Compots.

172. Aepfelcompot.

Von geschälten schönen Borsdorfer Aepfelchen werden Stängel und Butzen entfernt, dann werden die Aepfel, und zwar ganz, in halb Wein und halb Wasser, mit Zucker, Zimmet und einer Limonienschale so lange aufgekocht, bis sie weich sind, hierauf rangirt man sie auf einer Platte, füllt die durch Wegnahme der Butzen entstandene Oeffnung mit eingesottenen Johannisbeeren oder Weichseln aus, läutert noch ein Stück Zucker rein, giebt die geseihte Sauce dazu, läßt sie ganz kurz aufkochen und gießt sie an das Compot, jedoch so, daß die Sauce nur bis halb an die Aepfel reicht, worauf man diese abkühlen läßt.

173. Gestürztes Aepfelcompot.

Die geschälten Aepfel werden in kleine Stücke geschnitten und mit Zucker und Wein dermaßen weichgekocht, daß sich der Wein ganz und gar einkocht. Hierauf giebt man das Compot in eine kleinere Casserolle, welche damit ganz voll gefüllt werden muß. Dann läßt man es abkühlen, und stürzt es beim Anrichten so auf die Platte, daß es seine ganze Form beibehält und übergießt es zuletzt noch mit flüssigem Kandelzucker.

174. Birnencompot.

Aus geschälten Birnen wird der Butzen ausgestochen und statt dessen eine ganze Gewürznelke eingesteckt, hierauf kocht man die Birnen in einer Casserolle mit Zucker, Wein, ganzem Zimmet und mit in ein reines Tüchlein gebundener Cochenille weich, rangirt sie dann in eine halbtiefe Platte, so daß die Stiele nach unten stehen, kocht die Sauce mit einem Stück Zucker kurz ein und giebt sie durch ein Sieb darüber.

175. Getrocknete Aepfel- und Birnschnitze.

Wenn sie über Nacht im Wasser gelegen, werden sie im Wasser gesotten und mit der daran gekochten Brühe geröstetes Mehl aufgekocht, dann die Schnitze auch noch damit gedünstet und so aufgetragen.

176. Zwetschencompot.

Man bringt die frischen Zwetschen, um sie besser schälen zu können, in heißes Wasser, zieht alsdann die Häute ab, drückt die Steine heraus, und kocht die Zwetschen in einer Casserolle mit Wein, Zucker und Zimmet eine Viertelstunde lang, legt sie zum Ablaufen in ein Sieb und dann in die Assiette. Den abgelaufenen Saft gießt man zu dem andern in der Casserolle, giebt noch ein Stück Zucker zu, kocht ihn zu einer kurzen Gelee ein, und gießt dieses über die Zwetschen.

177. Brünellencompot.

Man wäscht die Brünellen rein und läßt sie über Nacht in Wasser anquellen, und mit diesem Wasser werden dann dieselben gekocht, bis sie weich genug sind, auch giebt man noch einige Streifchen Citronen- oder Orangenschalen bei.

178. Hagebutten- und Weinbeercompot.

Ausgelösete Hagebutten und eben so viele Weinbeeren werden mit Wein, Wasser und Zucker gekocht, und wenn sie weich sind, giebt man sie mit fein geschnittenen Citronenschalen und Pistazien bestreut, zur Tafel.

179. Aprikosencompot.

Auch die Aprikosen werden vorerst mit heißem Wasser begossen, enthäutet und von ihren Steinen befreit. Hierauf läutert man Zucker mit Wein, legt, wenn er rein verſchäumt hat, die Aprikoſen darein, überkocht und bringt ſie auf eine Aſſiette, drückt alsdann in den Zucker den Saft einer halben Citrone, läßt ſolchen dick einkochen und giebt ihn über das Compot. Die herausgenommenen Steine werden geöffnet, die Kerne aus denſelben geſchält, klein geſchnitten und über das Compot geſtreut.

180. Quittencompot.

Die Quitten werden geſchält, zerſchnitten und von ihren ſteinigen Beſtandtheilen befreit; dann überkocht man ſie ein paarmal mit ſiedendem Waſſer, damit ſie das ihnen beiwohnende Rauhe verlieren. Hierauf macht man in einer Caſſerolle rothen Wein mit Zucker, ganzen Zimmet und Nelken ſiedend, legt die abgelaufenen Quitten ſammt deren Körnern darein, und kocht ſie zugedeckt, bis ſie weich ſind, legt ſie dann vorerſt auf eine Platte, bis ſie abgelaufen und dann in die dazu beſtimmte Anrichte-Aſſiette; kocht die zurückgebliebene Sauce mit Zucker zu einer kurzen Gelee, und giebt dieſes durch ein Sieb über die Quitten.

181. Holundercompot.

Der abgebeerte Holunder wird gewäſſert, und mit etwas wenigem Waſſer in einem Tiegel auf Kohlenglut geſetzt, wo man ihn mit Zucker zwei Stunden lang kochen läßt, worauf man ein Paar kleine Hände voll in Butter geröſtete Semmelbröſeln zugiebt und mit denſelben den Holunder noch eine Stunde verkochen läßt. Vor dem Anrichten wird er durch ein

Sieb geschlagen, hernach noch etwas kürzer eingekocht und endlich, warm oder kalt, servirt. Man kann auch einige gutreife Zwetschen zerschlagen und mit dem Holunder verkochen lassen.

X.
Fische, Krebse, Frösche, Schnecken und dergleichen.

182. Fischen den moderichten (moosigen) Geschmack zu benehmen.

Dieses geschieht, wenn man die Fische lebendig in frisches Brunnenwasser bringt, etwas Salz hinein streut und das Wasser wohl umrührt. Dieses Verfahren muß mehrere Male wiederholt und immer wieder frisches Wasser dazu genommen werden, denn der moosige Geschmack befindet sich nur in der Haut der Fische und dringt beim Sieden erst in das Fleisch. Sehr schmackhaft werden die Fische, wenn man sie vor dem Kochen eine Stunde lang in Salz und Pfeffer liegen läßt.

183. Blau abgesottener Karpfen.

Ohne ihn abzuschuppen, öffnet man den Karpfen, schneidet ihn in Stücke und schüttet ein bischen Weinessig darüber, setzt in einer flachen messingnen Pfanne Wasser mit Salz auf, bringt den Fisch, wenn das Wasser siedet, stückweise darein und gießt auch den Essig vom Karpfen dazu. Wenn der Karpfen ausgesotten, nimmt man die Pfanne vom Feuer, und läßt Alles stehen, bis es etwas abgekühlt. Hierauf nimmt man die Stücke heraus, giebt wieder frischen Essig darüber und servirt das Gericht. Man kann auch Zwiebeln und ganzen Pfeffer in den Sud geben und will man den Fisch kalt essen, kommt der Sud gesulzt darüber.

184. Karpfen in brauner Sauce, oder in seinem eigenen Blute gedünstet.

Der Karpfen wird nach dem Abschlachten sogleich aufgeschnitten, ausgenommen, mit Essig das Blut herausgewaschen und solches für die Sauce aufbewahrt; hierauf schuppt, wäscht und schneidet man den Fisch in beliebige Stücke, bestreut diese mit Salz und läßt sie eine Zeitlang stehen; nachher giebt man in einen Tiegel Butter und etwas geschnittene Zwiebeln auf den Boden, die Karpfenstücke darauf, ein bischen Weinessig, Pfeffer, Gewürznelken, Citronenschalen und Lorbeerblätter darein, läßt dann den Karpfen dünsten, wendet die Stücke um, und wenn sie bald ausgedünstet, macht man mit Schmalz, Zucker und Mehl eine gewöhnliche Einbrenne, giebt dieselbe zum Fische, läßt es noch ein wenig aufkochen, gießt vor dem Anrichten das Karpfenblut daran, läßt es noch einmal damit aufwallen, richtet den Fisch auf die Schüssel und die Sauce darüber.

185. Karpfen und andere Fische zu backen.

Man schuppt und putzt den Karpfen wie in der vorigen Nro. angegeben, zerschneidet ihn in Stücke, salzt ihn und läßt ihn eine Zeitlang im Salze liegen, kehrt dann jedes Stück in Mehl um, taucht es schnell in frisches Wasser und bestreut es dann wieder mit feinen Semmelbröseln. Endlich werden die Stücke rasch, schön hellbraun, aus ganz heißem Schmalze gebacken, und mit grüner Petersilie garnirt, zur Tafel gegeben. So werden sämmtliche Fischgattungen gebacken.

186. Gebratener Karpfen.

Der sorgfältig geschuppte und gewaschene Fisch wird oben am Rücken so aufgeschnitten, daß der Bauch beisammen bleibt. Hierauf sondert man die Galle vom Eingeweide, bestreut den Fisch außen mit Salz und legt ihn ausgebreitet so in die Bratpfanne, daß der innere Theil über sich, der äußere aber auf den Boden der Pfanne zu liegen kommt. Nun bestreut man den Karpfen auch von dieser Seite mit Salz und Pfeffer und giebt etliche kleine, zerschnittene und geschälte Zwiebeln zu.

187. Gebratener Hecht.

In die Haut des geschuppten und rein gewaschenen Hechts werden kleine, in die Quere laufende Einschnitte gemacht, dann wird derselbe von innen und außen mit Salz eingerieben. Nachher trocknet man ihn mit einem Tuche ab, gießt heiße Butter über und in den Hecht hinein und bratet ihn an beiden Seiten auf dem Roste gelb; indessen wiegt man etwas Petersilie und etliche Chalotten fein, dämpft es mit Butter, giebt den Saft einer Citrone dazu, richtet den Hecht auf einer erwärmten Platte an und gießt die heiße Butter nebst dem Grünen darüber.

188. Gedünsteter Hecht mit Sardellen.

Der geschuppte und gepuhte Hecht wird in Stücke geschnitten, mit Salz und Pfeffer in einen Tiegel gelegt, und mit Butter, Zwiebeln, Chalotten und Citronenschalen gedünstet. Bevor er ganz ausgekocht, kommen etliche klein geschnittene Sardellen mit Petersilie und Citronensaft daran, und mit dieser Sauce wird dann der Hecht angerichtet.

189. Fricassirter Hecht.

Man schuppt und putzt den Fisch, macht ihn auf, wäscht ihn aus, nimmt von der Leber die Galle ab — denn außer der Leber ist von dem Hecht das Eingeweide nicht zu gebrauchen, — salzt ihn, läßt ihn eine Zeitlang im Salze und siedet ihn dann in halb Weinessig und halb Wasser mit etwas Zwiebeln und Lorbeerblätter ab. Indessen bereitet man die Fricasseebrühe auf folgende Art: Man giebt in einen Tiegel Eierdotter, Mundmehl und Citronensaft, rührt dieses zusammen fein ab, giebt kalte Fleischsuppe (an Festtagen Erbsensud) daran, ferner ein Stückchen Butter, eine ganze mit Gewürznelken besteckte Zwiebel, dann einige Citronenschalen und läßt dieses auf einer schwachen Kohlengluth langsam unter beständigem Rühren dicklicht werden, doch darf es nicht ganz kochen, sonst wird es grieslich — dann bringt man den Fisch auf die Schüssel und gießt die Fricassee darüber. Jeder andere Fisch wird auf dieselbe Art fricassirt.

190. Hecht mit Citronensauce.

Der Fisch wird wie gewöhnlich geschuppt und gewaschen, mit Salz eingerieben, in einen Ring gekrümmt, der Schweif ihm in das Maul gesteckt und befestiget, alsdann mit Essig und Wasser, einer Zwiebel, Lorbeerblättern, Pfefferkörnern und Petersilienkraut abgekocht und warm erhalten. Zur Sauce schneidet man die Schale einer halben Citrone ganz fein, wiegt Citronenmark mit Chalotten, dämpft das Gewiegte mit Butter und Mehl ein wenig auf, gießt Fleischbrühe mit etwas Fischsud hinzu, würzt die Sauce mit Muskatnuß, und kocht sie eine Viertelstunde, bringt dann den Fisch auf die Schüssel, verziert ihn mit Citronenscheiben und Petersilie und giebt die Sauce besonders.

191. Blau abgesottene Forellen.

Sie werden ausgenommen, gewaschen, krumm gebogen und der Schweif vermöge eines gespitzten Hölzchens im Maule befestigt, dann werden die Forellen mit siedendem Essig begossen. Indessen wird in einer Pfanne Wasser zum Sud gebracht und auf jedes Pfund Fisch eine kleine Hand voll Salz hineingeworfen. Die Forellen werden sofort in das siedende Wasser so gelegt, daß die Bäuche zur Höhe stehen, dann wird der Essig zugegossen, ferner werden Lorbeerblätter, mit Nelken besteckte Zwiebeln, Citronenschalen und Pfefferkörner beigegeben und miteinander, eine starke Viertelstunde, langsam gesotten. Man kostet nun die Brühe, und wenn Essig oder Salz zu wenig, wird mit denselben nachgeholfen und so werden die Fische vollends ausgekocht, allein während des Siedens muß man sie einigemal abschäumen. Sobald blau abgesottene Fische überhaupt vom Feuer genommen sind, müssen sie mit kaltem Wasser übergossen und mit reinem Papier zugedeckt werden, damit der Dampf nicht davon gehen kann, sonst bleibt der Fisch nicht schön blau, sondern färbt sich schwärzlich. Uebrigens werden endlich die Forellen trocken in einer reinen Serviette auf eine flache Schüssel gelegt, mit Petersilie garnirt, die Serviette darüber zierlich zusammengelegt und so auf den Tisch gegeben. Alle blau gesottene Fische werden gewöhnlich mit Essig und Oel gespeist.

192. Forellen in der Butterbrühe.

Zu blau abgesottenen Forellen pflegt man auch öfters eine Butterbrühe in folgender Art zuzurichten. Man giebt auf etwa zwei Pfund Forellen in einen Tiegel einen Vierling Butter, läßt dieselbe aber nicht ganz zergehen, sondern nur weich werden; dann rührt man vier Eierdotter mit etwas Mehl dazu, fügt Fleischbrühe, Citronensaft, Muskatblüthe und ein bischen Kümmel bei und läßt die Sauce unter beständigem Umrühren so lange auf Kohlenfeuer, bis sie anfängt zu kochen; will sie zu dick werden, gießt man von der Brühe, in welcher die Fische gekocht worden, nach, endlich aber werden die Forellen auf die Anrichteschüssel gelegt, die Sauce darüber gegeben und Muskatnuß darauf gerieben.

193. Aale blau abzusieden.

Man schlachtet den Fisch, ohne ihm die Haut abzuziehen, kocht Weinessig mit Butter, Lorbeerblättern, Gewürznelken, Salz und Pfeffer, legt den Aal hinein, garnirt ihn, wenn er ausgekocht, auf der Schüssel mit Petersilie und servirt ihn mit warmem Essig.

194. Aale zu braten.

Man zieht dem abgeschlachteten Aal die Haut ab, indem man durch dessen Kopf einen Nagel in ein Brett schlägt, die Haut rings um den Kopf ablöst, sie mit einem Tuche erfaßt und schnell herunter zieht; hierauf nimmt man den Fisch aus, schneidet ihn in Scheiben, bestreut diese mit Salz und läßt sie eine Zeitlang liegen, schlägt sie alsdann in breite Salbeiblätter ein, bindet diese mit Faden fest, zieht die Aalstücke durch heiße Butter und bratet dieselbe auf dem Roste, indem man sie fortwährend mit Citronensaft und Butter beträufelt. Vor dem Anrichten schneidet man die Faden ab und servirt den Aal mit ganzen Citronen.

195. Stockfisch zu wässern.

Guter weißer Stockfisch, am besten ein Flachfisch, wird des Tages über mehre Male in kaltem Wasser geflößt und dann auf Steinpflaster gelegt. Später klopft man ihn tüchtig mit einem Hammer auf dem Amboße, bis er blättrig wird, dann läßt man den Stockfisch einige Stunden in scharfer reiner Buchenlauge liegen, und bringt ihn dann auf zwei oder drei

Tage in frisches aber nicht zu kaltes Wasser, bis er hübsch weiß wird und aufgeht, dann erst ist dieser Fisch zur Zubereitung auf die Tafel geeignet.

196. Stockfisch mit Butter abgeschmälzt.

Der gut gewässerte Stockfisch wird mit kaltem Wasser ans Feuer gesetzt. Wenn er zu sieden beginnt, nimmt man ihn vom Feuer weg, giebt eine Hand voll Salz darein, deckt ihn zu und läßt ihn etwas stehen, bestreicht sodann das Innere einer Schüssel mit Butter, belegt den Boden derselben mit gebähten Semmelschnitten und legt den Stockfisch stückweise darauf. Haut und Gräten werden ausgelöset, zwischen jede Lage kommen in Butter geröstete Semmelbröseln und zuletzt etwas klarer Erbsensud dazu. Endlich röstet man fein geschnittene Zwiebeln in Butter, fügt Semmelbröseln bei, schmälzt den Stockfisch damit ab und läßt ihn dann noch ein wenig aufkochen.

197. Stockfisch zum Sauerkraut.

Der gewässerte und gut ausgedrückte Stockfisch wird in kleine Stücke zerschnitten, zusammen gebunden und mit einem Tuche abgetrocknet, dann zerklopft man Eier mit Salz, Schnittlauch und ein bischen süßem Rahm, zieht den Stockfisch einigemal durch, bestreut ihn mit Semmelbröseln, und backt ihn in heißem Schmalze schön aus.

198. Kabeljau oder frischer Stockfisch.

Er wird, nachdem er gereiniget, mit Wasser und

Zwiebeln ans Feuer gesetzt, und wenn er im Kochen, bei Seite gestellt, zugedeckt und warm erhalten, dann dämpft man mit Butter Chalotten, giebt 3 Eßlöffel voll Senf und ein wenig Fleischbrühe zu, legt den Kabeljau auf ein Sieb, bringt ihn, wenn er abgelaufen, in die beschriebene Sauce, kocht ihn noch ein wenig auf, und schickt ihn zur Tafel.

199. Laperdan.

Man läßt ihn ein Paar Tage wässern und setzt ihn dann mit kaltem Wasser an's Feuer, wobei man ihn aber etwa zwei Stunden blos ziehen, nicht kochen läßt, bringt ihn dann zum Ablaufen auf ein Sieb, wiegt Chalotten mit Petersilie ganz fein, schneidet etliche Sardellen dazu, dämpft diese sammt dem Gewiege mit Butter, bestäubt es mit ein wenig Mehl, und giebt, wenn solches gut angezogen, Fleischbrühe mit Citronensaft dazu, verkocht die Sauce ein bischen, legt den Laperdan darein, würzt ihn mit Muskatnuß und ein wenig Pfeffer, und kocht ihn einigemal mit der Sauce auf.

200. Salm.

Wein, Wasser und Essig zu gleichen Theilen werden mit Salz, Lorbeerblätter, Citronenscheiben, Zwiebeln, Pfefferkörnern, Gewürznelken, etwas Estragon, und Basilikum abgesotten; dann legt man den Salm in den abgekühlten Sud, kocht ihn wie harte Eier, und servirt ihn kalt mit Essig und Oel. Das übrig Gebliebene, wieder in den Sud gelegt, kann mehrere Tage aufbewahrt werden.

201. Lachs.

Der zu dünnen Scheiben geschnittene Lachs muß vorerst eine Zeitlang in frischem Wasser liegen, hernach läßt man ihn in einer Casserolle mit Salz, Zwiebeln und einer Hand voll Coriander auskochen. Hierauf legt man den Fisch auf eine Schüssel; giebt Citronensaft und ein wenig Semmelbröseln dazu, brennt Butter darüber und sendet ihn zur Tafel.

202. Hausen.

Ein schönes Stück desselben wird in kleine Theile zerlegt, dann werden dieselben mit gereinigten Sardellen durchzogen, mit Pfeffer und Salz bestreut und mit Oel und Citronensaft gebeizt; nach diesem bratet man die Fischstückchen auf dem Roste saftig, beträufelt sie fortwährend mit der Beizsauce und servirt sie endlich mit ganzen Citronen.

203. Huchen- oder Rothfische.

Sie werden geschuppt, ausgenommen, gewaschen, und auf ein Paar Stunden in Salz gelegt. Inzwischen kocht man Wein, Wasser und Essig zu gleichen Theilen mit ein Paar Zwiebeln, gelben Rüben, Petersilienwurzeln, Citronenscheiben, Lorbeerblättern, Pfefferkörnern und Gewürznelken, läßt diese Sauce dann erkalten und kocht darin den Fisch langsam; wenn er fertig ist, läßt man ihn noch etwas im Sude liegen und giebt ihn dann warm mit der bei Nr. 192. erwähnten Buttersauce, oder kalt mit Essig und Oel.

204. Picklinge mit Eiern.

Es werden von diesen Fischen Köpfe und Haut entfernt, dann spaltet man sie in der Mitte durch, nimmt den Rückgrat heraus, bestreicht einen Porzellanteller mit kalter Butter und legt die Fische so darauf, daß zwischen jedem Stückchen etwas Raum bleibt, hierauf setzt man den Teller auf schwaches Kohlenfeuer und läßt die Picklinge zugedeckt ein wenig dämpfen, schlägt dann in jeden leer gelassenen Raum ein frisches Ei, bestreut das Weiße derselben mit Salz, stäubt über das Ganze ein wenig Pfeffer, und läßt sie so lange auf der Kohlengluth, bis das Weiße der Eier fest ist; das Gelbe aber muß weich bleiben und hierauf bringt man sie zu Tische.

205. Schellfische.

Die sorgfältig geputzten Schellfische werden in gesalzenem Wasser mit Zwiebeln, Lorbeerblättern, Citronenscheiben und Pfefferkörnern abgekocht, dann mit frischem Wasser besprengt, und im Sude warm erhalten; inzwischen wiegt man Kappern mit Chalotten fein zusammen, macht ein Stück Butter heiß und giebt das Gewiege darein, richtet die Fische auf eine heiße Platte an, garnirt solche mit kleinen englischen, in Butter gedämpften Kartoffeln und giebt die heiße Butter darüber.

206. Schleyen in ihrem Blute gedünstet.

Beim Abschlachten der Schleye faßt man wie bei Nr. 184. das Blut auf und stellt es bei Seite, schneidet dann die Fische in Stücke, salzt und läßt sie in einem Tiegel mit Butter, Zwiebeln, Citronenschalen und Sellerie dünsten. Beim Umkehren der Fische stäubt man Mehl daran und gießt ein wenig Erbsensud und Weinessig dazu. Vor dem Anrichten kommt dann das Blut dazu, man läßt die Fische noch einen Sud machen, giebt die Sauce darüber und servirt sie.

207. Häringe mit Sauce.

Man läßt die gepuzten und ausgenommenen Häringe mit halb Milch und halb Wasser eine Stunde lang am Feuer ziehen, aber nicht kochen, dann dämpft man fein geschnittene Zwiebeln mit Butter, läßt ein wenig Semmelmehl damit gelb werden, füllt es mit Fleischbrühe auf, drückt Citronensaft daran, verkocht die noch mit einem bischen Pfeffer gewürzte Sauce gut, giebt die abgelaufenen Häringe darein und kocht sie noch etliche Male damit auf.

208. Krebse zu sieden.

Zu etwa 25 großen Krebsen kommen, wenn sie gut gewaschen worden, nebst Salz eine kleine Hand voll Kümmel und ein Paar Messerspitzen gestoßenen Pfeffer in die Pfanne, dann gießt man heißes Wasser, aber nur so viel über, daß es im Geschirre nicht höher als die Krebse geht, worauf man sie zudeckt und eine Viertelstunde, oder so lange sieden läßt, bis sich die Schalen losmachen. Schließlich gießt man das Wasser ab, und die Krebse werden, in einer reinen

Serviette eingeschlagen und mit Petersilienkraut garnirt, zur Tafel gebracht. Will man übrigens die Krebse noch schmackhafter bereiten, so wird gleich beim Zusetzen, außer dem Salz und Pfeffer, den Krebsen noch ein halbes Glas Weinessig, ein Stückchen Butter und Petersilienkraut beigefügt, der Kümmel aber weggelassen. Im Allgemeinen ist zu beachten, daß nicht zu viel Wasser an die Krebse gegossen wird, weil sie sonst an Wohlgeschmack verlieren, auch darf man sie nicht zu lange sieden lassen, weil sonst ihr Fleisch hart wird.

209. Krebsragout.

Von besonders großen Krebsen werden die Scheeren und Schweife ausgemacht, dann röstet man Mehl mit Butter gelb, giebt gewiegte Chalotten mit ein Paar Löffel voll ganz kleiner, mit ein wenig Butter abgedämpfter Champignons dazu, füllt dieses mit etwas Wein und Fleischbrühe auf, würzt die Sauce mit Muskatnuß und läßt sie kurz einkochen, giebt dann die Krebsschweife und Scheeren darein, läßt diese aber nicht mehr kochen, sondern nur heiß werden.

210. Gebackene Frösche.

Wenn sie sorgfältig geputzt und gewässert worden, schneidet man den Fröschen die vordern Tatzen ab, steckt die beiden hintern in einander, salzt sie und läßt sie eine Zeitlang im Salze. Nachher kehrt man sie im Mehle um, taucht sie in aufgeklopfte Eier, bestreut sie mit Semmelbröseln, backt sie aus dem Schmalze und sendet sie sodann zum Serviren.

211. Frösche in Sauce.

Die Frösche werden hergerichtet, wie in der vorigen Nro. angegeben worden, dann läßt man sie beim Feuer im gesalzenen Wasser einige Male aufwallen und bereitet mit Butter, Mehl, ein wenig Erbsensud und einer Hand voll jungem, fein geschnittenen Petersilienkraute eine Sauce, in welcher man die Frösche noch ein wenig aufkochen läßt und sie dann zur Tafel giebt.

212. Schnecken in ihren Häusern.

Die Schnecken werden in kaltem Wasser beigesetzt und weich gekocht. Wenn die weißen Deckel an den Häusern sich ablösen, nimmt man die Schnecken heraus, löst ihnen die Schweife ab, zieht das braune Häutchen ab, schneidet vorn die Spitzen weg, nimmt die Stachel heraus, putzt die Schnecken sorgfältig, reibt sie, um alle Schleimtheile zu entfernen, tüchtig mit Salz und wäscht sie dann wieder in frischem Wasser. Ferner mischt man Semmelbröseln, fein geschnittene Zwiebeln, Citronenschalen und Saft, mit Salz und Butter, gut durcheinander, reiniget die Häuser mit Wasser und Salz, nimmt von dem obigen Gemisch etwa einen kleinen Kaffeelöffel voll, bringt es in das Häuschen, eine Schnecke darauf und oben wieder etwas weniges von dem Buttergemische, legt dann sämmtliche, also gefüllte Schneckenhäuser auf eine blecherne Schüssel und läßt in derselben die Schnecken auf schwacher Gluth ausbraten. Schneckensalat sehe man bei Nro. 163.

213. Gebratene frische Austern.

Die Austern werden sorgfältig, damit der Saft nicht verloren geht, mit einem warm gemachten Messer geöffnet, dann giebt man auf jede ein Paar Messerspitzen voll Semmelbröseln, Gewürz und ein Stückchen Butter; so werden sie in wenigen Minuten auf dem Roste gebraten, mit Citronensaft beträufelt und aufgetragen.

214. Fischotter.

Der Kopf der Fischotter wird abgeschnitten und als gänzlich unbrauchbar beseitiget, dann zieht man die Haut des Thieres ab, reibt es mit Salz, Pfeffer und Gewürznelken tüchtig ein, schlägt es in einen mit Butter getränkten Papierbogen ein und bratet es am Spieße langsam saftig; in den Untersatz giebt man Essig, Butter, Citronenscheiben und eine Zwiebel und begießt damit während des Bratens die Fischotter unablässig; vor dem Anrichten röstet man etwas geriebenes Roggenbrod mit Butter braun, giebt die abgetraufte Sauce aus dem Untersatze mit etwas Fleischsuppe dazu und läßt es gut verkochen. Nachher schöpft man das Fett ab, treibt die Sauce durch ein Sieb, giebt Kappern darein und erhält sie heiß. Schließlich wird die Fischotter auf einer erwärmten Platte angerichtet und die Sauce zu derselben besonders servirt.

XI.
Eier-, Milch- und Mehlspeisen.

215. Amulet oder Eier in Schmalz.

Beliebig viele Eier werden mit Salz und Gewürzen abgerührt, in eine Pfanne mit heißem Schmalze gegossen, darin mit einem Schäufel ringsherum aufgehoben, daß sie nicht anbrennen, und wenn nun das werdende Amulet auf einer Seite schön braun wird, stürzt man es in das heiße Schmalz einer andern Pfanne hinüber; wenn es fertig, kommt es auf eine Platte und damit schnell zu Tisch.

216. Gebackene Eier oder Ochsenaugen.

Man schlägt, jedoch daß sie nicht zerfahren, so viele Eier in kochendes Wasser, als man backen will, und hebt sie, noch mild, mit dem Seiher auf ein Sieb, läßt sie dort völlig abtropfen, bestreut sie mit Semmelbröseln, backt sie dann schön aus heißem Schmalze und giebt sie auf Sauerkraut, Spinat oder dgl.

217. Weichgesottene Eier.

Ganz frische Eier, höchstens 8—14 Tage alt, werden mit Salz und Wasser abgewaschen, und dann mit kaltem Wasser zum Feuer gesetzt. Wenn das Wasser anfängt zu sieden, nimmt man sie heraus und giebt sie gleich zu Tische. Werden die Eier in schon siedendes Wasser gelegt, so läßt man sie so lange darin, bis man, jedoch nicht zu langsam, bis auf 100 gezählt hat, dann werden die Eier fertig seyn.

218. Gefüllte Eier.

Hart gesottene Eier werden geschält und in der Mitte auseinander geschnitten, dann nimmt man das Gelbe heraus, treibt dieses mit Butter, frischen Eierdottern, ein bischen Semmelbröseln, Salz und Pfeffer ab, füllt sodann die halben Eier mit diesem Gemenge ein, legt sie mit der innern Seite auf eine mit Butter bestrichene Schüssel, giebt sauren Rahm daran, jedoch nicht so viel, daß er über die Eier geht, streut fein geschnittenen Lauch und grüne Petersilie daran, läßt es auf der Gluth ein wenig aufkochen und giebt es zur Tafel.

219. Eingerührte oder Rühreier.

Man zerklopft nach Belieben mehrere oder wenigere Eier mit einem halben Löffel voll Schnittlauch und einer Tasse süßen Rahm, giebt solche mit einem großen Stück Butter in eine messingene Pfanne, und rührt sie auf Kohlengluth, bis sie dick sind, jedoch dürfen sie nicht hart werden; dann werden die Eier erst gesalzen und auf einem erwärmten Teller angerichtet. Beim Verrühren der Eier kann man auch fein geschnittenen Schinken, oder klein gewiegte Sardellen, oder aber abgebrühte Spargelköpfe zugeben, welches alles diese Speise insbesondere wohlschmeckend macht.

220. Harte Eier mit Kreen (Meerrettig).

Die hart gesottenen Eier werden geschält und in Scheiben aufgeschnitten, dann, im Verhältniß zu der

Zahl der Eier, eine oder zwei Semmeln ebenfalls und zwar in Würfeln aufgeschnitten; man röstet die letztern in heißem Schmalze und giebt dazu süßen, mit Eierdottern abgequirlten Rahm. Der Boden einer mit Butter bestrichenen Schüssel wird hierauf mit Eierscheiben belegt und auf diese gerieb'ener Kreen gestreut, dann noch eine Lage mit Eierscheiben und Kreen, und zuletzt Rahm mit Eiern und den Semmeln. Man läßt das Ganze in der Röhre aufkochen und giebt es in derselben Schüssel zur Tafel.

221. Harte Eier mit Senf.

Die Eier und Semmel werden geschnitten, wie in der vorigen Nro. angegeben worden, dann wird saurer Rahm mit Eiern, Salz, feingeschnittenem Lauche, einer Tasse voll Senf und gerösteten Semmeln unter einander gemengt; auf den Boden einer mit Butter bestrichenen Schüssel kommen dann wieder zuerst Eierscheiben, dann das angegebene Gemenge und darüber wieder Eierscheiben — worauf man es aufkochen läßt und dann zur Tafel sendet.

222. Eierkäse.

Zu etwa zwölf Eiern giebt man zwei Maß süße gute Milch, quirlt sie ab und seiht sie durch ein Sieb, dann fügt man nach Belieben Zucker und Vanille bei, rührt das Ganze in einer Pfanne auf gelindem Feuer so lange ab, bis es anfängt, käsig zu werden, nimmt es hierauf vom Feuer, seiht es wieder durch ein Sieb, um das Käsige der Masse zu erhalten, welches man dann in eigene Modelle füllt, in die man es fest hineindrückt, damit die flüssigen Theile durch die in den Modellen angebrachten Oeffnungen ablaufen. Endlich läßt man den so bereiteten Eierkäse abkühlen und sendet ihn kalt zur Tafel.

223. Saure Rahmstrubel.

Von einem ganzen Ei und zwei Eibottern, einem Löffel voll sauren Rahm, einer Nuß groß zerlassener Butter, Salz und feinem Mehl wird ein Teig, etwas leichter als zu gewöhnlichen Nudeln, gemacht, dann dünne Fladen, in der Größe eines kleinen Tellers, ausgewalzt und diese ein klein wenig abgetrocknet; indessen zerklopft man vier Eierdotter mit Zucker und Zimmet und einem Quarte dicken sauren Rahmes, wirft auf jeden der Fladen ein Paar Löffel voll davon, rollt sie auf und legt sie nebeneinander in ein mit Butter bestrichenes und mit schmalem Rande versehenes Blech, gießt bis auf die Hälfte der Strudel Rahm hinzu, legt auf diese dünne Butterscheiben und läßt so die Strudel in nicht zu stark geheizter Ofenröhre langsam aufziehen.

224. Reisstrubel.

Es wird hiezu der in der vorigen Nr. angegebene Teig gemacht, nur nimmt man statt des Rahms warmes Wasser, inzwischen kocht man 3 bis 5 Loth gereinigten Reis mit Milch ganz dick und weich, läßt ihn kalt werden und stößt ihn nachher in einem Mörser gut durch, rührt ihn ferner mit Butter, Zucker, gestoßenen Mandeln, vier Eierdotter und etwas saurem Rahm gut ab, schlägt von zwei Eiern das Weiße zu Schnee, und mischt diesen mit ein wenig Zimmet in die Masse, breitet diese auf die Teigplätze aus, rollt sie sodann ins Blech u. s. w.

225. Aepfelstrubel.

Man bereitet den Teig nach der vorigen Nro., treibt gebratene und geschälte Aepfel mit Butter ab, und giebt ein Paar Hände voll gewaschene Weinbeeren und Rosinen, nebst Citronenschalen und Zucker dazu. Wenn der Teig abgetrocknet, streicht man die abgerührte Fülle einen Messerrücken dick darauf, rollt die Strubel u. s. w.

226. Krebsstrubel.

Man bereitet von etwa 8 zerklopften Eiern, einer Tasse süßen Rahm und einem großen Stücke Krebsbutter ein Eingerührtes, welches aber nicht hart werden darf und mengt 30 bis 40 gewiegte Krebsschweife mit etwas Zucker dazu; hierauf macht man den Teig wie bei Nr. 223, bestreicht die abgetrockneten Flächen mit Krebsbutter, bringt die Fülle darauf, rollt sie leicht auf, setzt die Strubel in ein mit Butter bestrichenes Blech u. s. w.

227. Vanille= oder Chocoladestrubel.

Der Teig wird wie bei Nr. 224. bereitet, dann vermengt man geriebene feine Chocolade von zwei Täfelchen mit geschälten und geriebenen Mandeln,

Zucker, drei Eierdotter und dem Schnee vom Weißen dieser Eier zubereitet, bestreicht die Fladen vorerst mit heißer Butter, bringt die Füllung einen starken Messerrücken dick darauf, rollt die Strudel wie gewöhnlich auf, begießt sie wieder mit heißem Rahme, Zucker und geriebener Chocolade und backt sie dann in der Raine in der Bratröhre. — Statt der Chocolade kann unter den Zucker ein Stück Vanille gestoßen und auch in dem Rahme zum Uebergusse Vanille mitgekocht werden.

228. Bayerische Dampfnudeln.

Schönes Weizenmehl, im Verhältnisse der Gästezahl, wird in einer Schüssel zum Ueberschlagen an einen warmen Ort gestellt. In Mitte des Mehles bildet man eine Höhlung und giebt ein Paar Löffel voll Germ oder Hefen hinein, bereitet dann mit lauwarmer Milch ein Dämpfel oder einen weichen Teig, läßt diesen stehen und gut aufgehen, läßt dann ein Stück Butter zergehen, nimmt lauwarme Milch nebst ein Paar Eiern, und macht den Teig vollends so damit an, daß er einem weichen Brodteige gleicht; man schlägt den Teig ferner ab, salzt ihn ein kleines bischen und läßt ihn an einem warmen Orte zugedeckt stehen, bis er aufgeht, wo er alsdann, zu Nudeln von beliebiger Größe geformt, auf ein mit Mehl bestäubtes Nudelbret kommt. Nun setzt man in einem Tiegel ein Stück Butter mit süßer Milch auf, und legt die Nudeln hinein, deckt sie mit einem Deckel zu, und legt um den Rand des Deckels ein feuchtes Tuch, damit kein Dunst durchdringen kann. Nach dieser geschehenen Vorrichtung setzt man den Tiegel mit den Nudeln auf eine starke Gluth und läßt sie anfangs, ohne den Deckel abzunehmen, stark sieden; dann legt man das Ohr an den Deckel und wenn man hört, daß die Milch bald verkocht ist, dämpft man die Gluth, wo dann die Nudeln hübsche Scharren oder Raumeln bekommen. Nicht zu groß geformte Nudeln sind in einer Viertelstunde fertig. Dann deckt man sie auf, hebt sie mit einem Nudelstecher heraus und rangirt sie auf einer Platte zum Anrichten. In neuester Zeit hat man gefunden, daß das auf amerikanischen Walzmühlen trocken gemahlene Mehl ganz vorzüglich zur Hervorbringung trefflicher Dampfnudeln geeignet ist.

229. Gestutzte Nudeln.

Aus Mehl, Eierdotter, Salz und süßem oder saurem Rahme bereitet man einen gewöhnlichen Nudelteig; diesen walzt man, nicht gar zu dünne, aus, und schneidet aus den Flaben gerade nicht sehr feine Nudeln, welche man in siedender Milch bis auf wenige Brühe einkochen läßt, dann giebt man ein Stück Butter bei, wendet die Nudeln mit dem Schäufelchen um, und wenn sie auf beiden Seiten gelb sind, gießt man noch ein bischen süßen Rahm zu, läßt sie mit diesem noch einmal aufkochen, und giebt sie zur Tafel.

230. Kartoffel-Nudeln.

Gesottene Kartoffeln werden geschält und noch ganz heiß mit dem Walz- oder Wargelholze zerdrückt, gesalzen und dann so vieles Mehl darein gewirkt, daß der Teig wohl zusammen hält. Hierauf bestreicht man eine Bratpfanne dick mit Butter, gießt siedende Milch zwei Finger hoch hinein und wenn der Teig länglich gewirkt worden ist, schneidet man zwei Finger lange und zwei Finger dicke Nudeln daraus, legt sie nebeneinander in die Milch und läßt sie in der Röhre, oder noch besser zwischen unten und oben gelegten Kohlen, langsam backen, während welcher Zeit sie einmal wenigstens mit Butter bestrichen werden müssen.

231. Doppen- (Topfer- oder Quark-) Nudeln.

Wenn eine Maß Doppen durch ein Tuch gut ausgedrückt worden, bringt man ihn in eine tiefe Schüssel, treibt ihn nebst Butter mit einem Kochlöffel fein ab und schlägt sodann vier Eierdotter und zwei ganze Eier daran. Der Doppen wird hierauf hinlänglich gesalzen und mit Mehl dermaßen vermischt, daß der Teig so fest, wie ein aufgegangener Hefenteig wird, dann stäubt man Mehl auf ein Bret und walzt den Teig einen Finger dick aus, schneidet davon baumenlange Nudeln ab, setzt eine Casserolle mit Butter auf, giebt die Nudeln einzeln hinein, läßt sie auf beiden Seiten bräunlich werden, gießt dann nach Belieben süßen oder sauren Rahm darauf, läßt sie noch ein wenig aufkochen und sendet sie dann zur Tafel.

232. Regenwürmer.

Man schüttet Mehl auf ein Nudelbrett, schlägt vier Eier daran, fügt ein Stück zerlassener Butter mit ein bischen Salz bei, macht den Teig etwas weicher wie gewöhnlich, walzt solchen unter der Hand fein ab, läßt ihn in einem Tuche etwas stehen und dreht dann den Teig unter der flachen Hand und in Form eines langen Regenwurmes dünn aus. Schließlich werden die Regenwürmer in siedender Milch mit Butter so eingekocht, daß sie schöne Raumeln bekommen.

233. Butternudeln.

Von Mundmehl, zwei Eierdottern, Butter, süßem Rahme und ein Paar Löffel voll guter Hefen wird ein so fester Teig wie Dampfnudelteig bereitet, welchen man sofort gut abschlägt und aufgehen läßt. Hierauf walzt man den Teig auf einem mit Mehl bestäubtem Brette einen Finger dick aus und schneidet schmale, längliche Flecklein daraus, welche mit Butter bestrichen und zusammengerollt in die Raine gelegt werden, dann giebt man Butter, ein wenig siedenden Rahm und etwas Zucker darauf, bringt unter und über die Raine starke Gluth und läßt die Nudeln so, bis sie Farbe bekommen, auskochen.

234. Mehlschmarren.

Acht Eier werden mit einem Mäßel Milch in einem Topfe abgequirlt, und darin ein halbes Pfund Mehl mit Salz gut verrührt. Das Ganze kommt dann mit einem Stücke Butter in den Tiegel und wird zugedeckt; wenn der Schmarren dann auf einer Seite Raumeln hat, wird er aufgehoben und gewen=

bet, und wenn er nicht mehr weich ist, stößt man ihn mit dem Schäuflein so klein zusammen, als man will und hält man ihn für zu trocken, giebt man noch Butter bei und bestreut den Schmarren vor dem Serviren mit Zucker.

235. Griesschmarren.

Eine halbe Maß Gries wird in Milch dick eingekocht. Wenn er ausgekühlt, treibt man etwa ein Viertelpfund Butter ab, mischt den Gries mit sechs Eiern darunter, setzt einen flachen Tiegel mit Schmalz auf, giebt Alles darein und kocht es dann wie einen andern Schmarren.

236. Semmelschmarren.

Ueber vier altgebackene und aufgeschnittene Semmeln werden acht, mit süßem Rahme und Salz abgequirlte Eier abgegossen. Wenn das Ganze etwa eine Stunde gestanden und die Semmeln gehörig eingeweicht sind, bereitet man den Schmarren auf die gewöhnliche oben angegebene Art.

237. Wasserspatzen.

Aus etwa einem halben Pfund Mehl, siedendem Wasser, Salz und vier Eiern wird ein Teig, etwas weicher als zu Dampfnudeln, bereitet, welchen man durch einen Durchschlag, dessen Löcher so groß wie Erbsen sind, in siedendes Wasser treibt. Die zur Höhe kommenden Spatzen nimmt man dann heraus, legt sie in kaltes Wasser, und nachdem solches wieder davon abgeseihet worden, röstet man die Spatzen in heißer Butter oder Schmalz.

238. Milchspatzen.

Zu denselben wird der Teig wie zu den vorigen, nur aber etwas fester angemacht; dann läßt man ihn in einer Pfanne Milch siedend werden, giebt ein Stückchen Butter nebst Salz dazu, legt die Spatzen hinein, läßt sie noch eine Viertelstunde kochen, und sendet sie dann zur Tafel.

XII.
Aus dem Schmalze, oder in der Röhre gebackene Mehlspeisen.

239. Schmalznudeln.

Man schüttet anderthalb Pfund Weizenmehl in eine Schüssel und macht darin von ein bischen warmer Milch und Hefen ein Teigel an; wenn dieses aufgegangen, mischt man süßen Rahm, sechs ganze Eier, sechs Eierdotter und zerlassene Butter, läßt Alles lauwarm werden, salzt das Mehl, und macht es damit so, fast wie aufgegangene Dampfnudeln an, dann kommt der Teig wie gewöhnlich auf das Nudelbret und wird zugedeckt. Inzwischen giebt man in eine Pfanne ein Stück Butter, ein halbes Quart Wasser und ein Pfund Schmalz. Wenn dieses Alles gut aufsiedet und nachdem der Teig aufgegangen, bildet man aus demselben die Nudeln in der Größe einer tiefen

Kaffeeschale, legt sie in die Pfanne, deckt sie zu, und läßt sie nun auf starkem Feuer sieden, bis sie zu prasseln anfangen; dann bleibt die Pfanne offen, die Nudeln werden gewendet, damit sie auch auf der andern Seite braun werden, und wenn nach und nach alle gebacken, sendet man sie ganz warm zu Tische. Uebrigens pflegt man auch häufig in den Teig kleine Weinbeeren zu mischen.

240. Strauben.

Eine halbe Maß Milch wird nebst einem Stückchen Butter siedend gemacht, dann rührt man so viel feines Mehl darein, bis ein steifer Teig (ein sogenannter Brandteig) zu Stande kommt; diesen Teig arbeitet man dann auf dem Feuer glatt, stürzt ihn zum Abkühlen in eine Schüssel, verdünnt ihn durch Eier dermaßen, daß man ihn durch einen Trichter rinnen lassen kann und fügt das erforderliche Salz bei. Inzwischen macht man Schmalz in einer eisernen Pfanne heiß, läßt den Teig durch einen Trichter in die Runde darein laufen, backt die auf solche Art entstehenden Strauben auf beiden Seiten schön braungelb und bestreut dieselben, wenn sie abgelaufen, mit Zucker.

241. Hasenohren.

Man zerklopft zwei ganze Eier und zwei Eierdotter mit etwas saurem Rahm, Zucker und einem Stücke zerlassener Butter, giebt so viel feines Mehl darein, daß ein leichter Teig entsteht, den man wirken kann, und wallt diesen ein Paar Mal aus. Nachher schneidet man mit einem Krapfenrädchen viereckige kleine Stücke ab, faßt zwei Ecke derselben, — drückt sie zusammen, legt sie in heißes Schmalz und bestreut sie, wenn sie ausgebacken und abgelaufen sind, mit Zucker und Zimmet.

242. Aepfelküchel.

Man schneidet gute, geschälte Backäpfel in dünne Scheiben nach der Runde, sticht die Kerne aus, taucht eine Scheibe nach der andern in den Teig und bäckt sie unter fortwährendem Rütteln aus dem Schmalz. Der Teig zu den Aepfelküchlen wird auf folgende Art zubereitet: Man schüttet ein Viertelpfund Mehl in eine Schüssel und vermischt es mit vier Löffel voll gestoßenem Zucker und ein wenig Zimmet, dann giebt man auch ein Stückchen Schmalz an das Mehl und macht ferner von vier Löffeln voll warmen Weines, eben so viel süßem Rahme und von vier Eierklar einen Teig an, rührt Alles gut miteinander ab, doch so, daß der Teig ganz dünn bleibt.

243. Holder= (Holunder=) und Salbei= Küchel.

Man schüttet wie bei Nro. 242. Mehl in eine Schüssel und giebt ein Quart Milch mit einem Stückchen Butter, heiß aber nicht siedend, dazu, schlägt auch noch drei Eier darein, bis der Teig so dünn wird, daß er rinnt. In diesen Teig nun taucht man schönen blühenden Holder und backt ihn rasch aus dem Schmalze. Ebenso verfährt man auch mit dem Salbey.

244. Bauernküchel.

Man läßt zwei Pfund Mehl in einer Schüssel warm werden, macht dann mit Hefen und lauwarmer Milch ein Dampfel an, und wenn dieses aufgegangen, salzt man das Mehl etwas, bereitet ferner mit lauwarmer Milch den Teig, schlägt sechs Eier dazu und giebt vier Loth warm gemachtes Schmalz dazu. Man schlägt den etwas weichen Teig gut ab, bedeckt ihn mit einem Tuche und läßt ihn an einem warmen Orte aufgehen, nachher treibt man aus dem Teige Küchel von beliebiger Größe und bringt sie auf das mit Mehl bestreute Brett. Wenn in der Pfanne indessen Schmalz heiß geworden, zieht man die Küchel mit beiden Händen, welche man vorerst in zerlassenes Schmalz eintaucht, in der Mitte ganz breit von einander, jedoch so, daß kein Loch in den Teig fällt, legt dann die Küchel nacheinander in die Pfanne, gießt mit einem kleinen Löffel über jedes etwas von dem heißen Schmalze, daß sie schön aufgehen, und wenn sie auf beiden Seiten schön braun sind, läßt man sie ablaufen und sendet sie zur Tafel.

245. Aepfelschnitten.

Man schneidet Backäpfel zu länglichen Schnitten, läßt sie in darüber gegossenem Weine liegen, wendet sie dann mehre Male in Mehl um, backt sie rasch aus dem Schmalze und giebt sie mit Zucker bestreut zur Tafel.

246. Gebackene Zwetschen, Weichsel oder Kirschen.

Nachdem ein Brandteig (man sehe Nro. 240.) zubereitet worden, nimmt man von frischen Zwetschen die Kerne aus und setzt an deren Stelle abgezogene Mandeln ein, wendet jede Zwetsche im Teige um, backt sie aus dem Schmalze und giebt sie mit Zucker bestreut, warm auf den Tisch. Eben so verfährt man mit Weichseln und Kirschen, nur scheidet man von diesen die Stiele zur Hälfte ab, daß man sie gerade noch fassen kann.

247. Schneeballen.

Von drei Eiern, zwei Eßlöffel voll süßen Rahm, einem Stücke Butter, Salz und feinem Mehl bereitet man einen festen Teig, wirkt ihn fein und walzt davon runde Fladen aus, schneidet diese in feine Streifen bis halb fingerbreit an den Rand, faßt mit dem Kochlöffel den Teig, so daß immer ein Streifchen zwischen den Aufgefaßten liegen bleibt, backt den Teig aus heißem Schmalz, und bestreut endlich die Schneeballen mit Zucker und Zimmet.

248. Sogenannte versoffene Kapuziner.

Es werden altgebackene Semmeln in vier Spalten getheilt, und in gesalzenen und mit Eiern abgerührten Rahm geweicht, dann backt man sie nach einanber aus heißem Schmalze, bringt sie in eine Casserolle, giebt Wein, Zucker und Zimmet daran, läßt sie in der Röhre gut aufkochen und sendet sie zur Tafel.

249. Kugelhopf.

Es kommen in einen Topf acht Eier, ein Viertelpfund zerlassener Butter, eine kleine halbe Maß süßer Rahm und ein Paar Löffel voll Hefen; dazu rührt man ein halb Pfund Mehl, salzt und giebt es in ein Becken oder in eine Casserolle, welche mit Butter eingeschmiert ist. Man backt den Kugelhopf so in der Röhre bei gelindem Feuer eine halbe Stunde lang; wenn er ausgebacken, stürzt man ihn aus dem Geschirre auf die Anrichtplatte und läßt ihn dort auskühlen. Man pflegt den Teig auch mit Rosinen und Mandeln häufig zu vermengen.

250. Kolatschen.

Ein Pfund Mundmehl wird auf ein Brett geschüttet, gesalzen und mit einem Viertelpfunde Butter blättlich abgewalkt, worauf man den Teig vollends mit zwei ganzen Eiern, zwei Eierdottern, zwei Löffel voll Hefen und eben so viel süßem Rahm anmacht. Man wirkt diesen Teig ferner gut ab, schlägt ihn in ein Tuch und läßt ihn aufgehen, walzt ihn einen Messerrücken dick aus, schneidet dann aus demselben runde handgroße Blätter, bestreicht sie mit Eierklar, legt eingesottene Weinbeeren oder dgl. darauf und wieder Eierblätter darüber, backt sie endlich aus dem Schmalze und giebt sie warm zur Tafel.

251. Schneckennudeln oder Wespennester.

In einem Topfe quirlt man sechs ganze Eier, vier Dotter, eine halbe Maß süßen Rahm, ein Viertelpfund zerlassener Butter und etliche Löffel voll Hefen zusammen, macht damit ein halbes Pfund Mundmehl so fest an, wie einen Dampfnudelteig und läßt ihn aufgehen. Nachher wird der Teig einen Messerrücken dick ausgewalzt, mit zerlassener Butter bestrichen, mit Rosinen und Weinbeeren dick bestreut und wie Strudel zusammen gerollt. Von dem Gerollten schneidet man dann nach der Quere drei bis vier Finger breite Stücke ab, giebt in die Casserolle zerlassene Butter und backt sie in der Röhre.

252. Waffeln.

Man rührt ein Viertelpfund recht frischer Butter mit drei ganzen Eiern und einem Eierdotter ab, dann giebt man einen Löffel voll Hefen, das erforderliche Salz und fünf Löffel voll Mehl dazu und rührt den Teig mit lauwarmer Milch vollends so an, daß er wie ein dünner Spatzenteig wird. Hierauf läßt man das Waffeleisen heiß werden, bestreicht es mit einer Speckschwarte, legt dazwischen ein Papier und erhitzt das Eisen auf's neue; nachher nimmt man das Papier heraus, bringt einen Löffel voll Teig zwischen die Eisen und läßt die Waffeln auf dem Feuer backen. Wenn einige Waffeln gebacken sind, muß das Eisen mit der Speckschwarte wieder bestrichen werden und so bis zum Ende. Die fertigen Waffeln werden mit

Zucker und Zimmet bestreut und zierlich auf der Anrichtplatte rangirt.

253. Talken.

Folgende Ingredienzen werden in einem Topfe vereinigt, als: Sechs aufgeschlagene Eier mit einer halben Maß Rahm zerlassener Butter und etwa fünf Löffel voll Hefen. Man quirlt diese Zuthaten sorgfältig ab, giebt dann nebst ein wenig Salz ein Pfund Mehl und, wenn man will, ein bischen Zucker und Gewürz bei, schlägt Alles zusammen gut ab, läßt den Teig im Topfe gut aufgehen, backt die Talken, wie schon öfter angegeben in die Pfanne, überstreicht sie dann alle mit klein gehackten Zwetschen oder Pflaumen und brennt auch etwas Butter darüber.

XIII.
Verschiedene Kuchen.

254. Aepfelkuchen aus Hefenteig.

Man dämpft etwa zehn große, geschälte und zerschnittene Aepfel mit Butter weich und läßt sie abkühlen. Nachher bereitet man mit einem Pfunde erwärmten Mehle, einem halben Pfunde zerlassener Butter, vier Eierdottern, 2 Löffel voll Hefen, Salz und lauwarmer Milch einen Teig, klopft solchen ab, deckt ihn zu und läßt ihn bei der Wärme gehen, wallt dann von der Hälfte des Teiges ein dünnes Blatt aus, belegt damit ein mit Butter bestrichenes Blech, mischt ferner unter die abgekühlten Aepfel Weinbeeren und

Rosinen, welches man mit etwas Wein auf Kohlen hat angehen lassen, so wie ein Paar Loth Zitronat und Pomeranzenschalen, eine Hand voll gewiegte Mandeln, drei bis vier Löffel voll Zucker und ein wenig Zimmet, bereitet dieses, gut untereinander gerührt, auf dem Teige aus, wallt dann den Rest des Teiges zu einem dünnen Blatt, schneidet solches mit dem Backrädlein in fingerbreite Streifen, legt davon ein Gitter über den Kuchen, schlägt den Teig, der am Rande herauf geht, an der Seite einwärts, bestreicht den Kuchen endlich mit Eiern und läßt ihn im Ofen backen.

255. Zwetschen- oder Pflaumenkuchen.

Man bereitet den so eben bei Nro. 254. angegebenen Hefenteig und läßt ihn bei der Wärme gehen. Indessen schneidet man Zwetschen oder Pflaumen auf einer Seite der Länge nach auf und macht die Steine heraus, wallt den Teig zu einem Blatte aus, legt ihn in ein mit Butter bestrichenes Kuchenblech, reiht die Zwetschen eine an die andere darauf, mischt Zucker mit gewiegten Mandeln, bestreut damit den Kuchen, legt etwas frische Butter darauf und läßt sofort den Kuchen backen.

256. Wiener-Kuchen.

Ein halbes Pfund Butter wird pflaumig abgetrieben; dann giebt man allmählig acht Eierdotter darein; ferner: fein gestoßenen Zucker, fein geschnittene Citronenschalen, ein bischen Zimmet, etwas Salz, einige Löffel voll Hefen und süßen Rahm und ein halbes Pfund Mundmehl. Dieses Alles wird gut verrührt, dann bringt man es in ein ausgeschmiertes und ausgebröseltes Modell und backt es in der Röhre.

257. Weichselkuchen.

Zu 12 Loth fein gestoßenem Zucker werden in einem Topfe zwölf Eiergelbe geschlagen und eine halbe Stunde lang verrührt, dann kommen noch vier geriebene Semmeln und der von zwölf Eierklaren bereitete Schnee dazu. Wenn Alles pflaumig abgerührt wurde, mischt man etwa zwei Maß abgezupfte und schöne Weichseln darunter, schmiert eine Casserolle mit Butter dick aus, bestreut sie mit Bröseln und giebt das Gerührte hinein, welches eine gute Stunde nun backen muß. Um sich zu überzeugen, daß der Teig ausgebacken, sticht man in die Mitte mit dem Messer hinein, an welchem nichts hängen bleiben darf; dann löst man den Kuchen mit dem Messer ringsum vorsichtig vom Geschirre los, stürzt ihn auf eine Platte und bestreut nachher den in Stücke geschnittenen Kuchen mit Zucker.

258. Kirschenkuchen.

Sechs Eierdotter werden mit einem Viertelpfund gestoßenem Zucker leicht verrührt, ferner bringt man den Schnee von dem Weißen der Eier, zwei altgebackene geriebene Milchbrode und ein wenig Zimmet zu obigem und verrührt alles auf's neue, dann mischt man ein Pfund abgezupfter Kirschen in die Masse und verfährt im Uebrigen wie mit dem Weichselkuchen. (Man sehe Nro. 257.)

259. Aniskuchen.

Mit einem Viertelpfund zerlassener Butter werden acht Eierdotter zerklopft, dann kommen zwei Löffel voll gute Hefe und ein wenig warmer Rahm dazu, worauf man damit und mit einem Pfunde erwärmten Mehl und etwas gestoßenem Zucker einen leichten Teig anmacht, ihn klopft, bis er glatt wird, und endlich einen Löffel gewaschenen und wieder getrockneten Anis daran giebt; der also angemachte Teig wird zugedeckt an einen warmen Ort gestellt, bis er gegangen ist. Alsdann bestreicht man einen Bogen weißes Papier mit Butter, legt ihn auf ein Blech, und den zu einem gewöhnlichen Kuchen gedrückten Teig darauf. Nun zerklopft man einen Eierdotter mit zerlassener Butter, bestreicht den Kuchen damit, streut eine Hand voll zerstoßener Makronen darüber und läßt ihn im Ofen backen.

260. Kartoffelkuchen.

Sechs hartgesottene Eiergelbe werden mit Zucker fein zerstoßen, dann mischt man ein bischen Zimmet darunter. Hierauf zerdrückt man einige Kartoffeln zu Mehl und verrührt sie mit heißer Butter bis zum Lockerwerden, worauf man die Eier und etwas guten Rahm dazu giebt, den Schnee von sechs Eierweiß hinein zieht, ferner noch ein Paar Löffel voll feines Mehl und gewaschene Weinbeeren beifügt, und dann dieses Gemenge in eine mit Butter beschmierte Cafferolle etwa zwei Finger hoch eingießt. Man bestreicht sofort den Kuchen noch mit zerklopften Eiern, läßt ihn schön backen und giebt ihn mit Zucker bestreut, zur Tafel.

261. Zwiebelkuchen.

Mit etwa einem Pfunde Mehl, zwei Eiern, zwei Löffeln voll Hefe, heißer Butter, Salz und lauwarmer Milch bereitet man einen starken Teig, klopft ihn tüchtig ab und läßt ihn zugedeckt bei der Wärme gehen. Inzwischen schneidet man einen Teller voll Zwiebeln in kleine Stücke, dämpft sie mit Butter weich und erhält sie warm. Den gegangenen Teig dehnt man auf einem mit Butter bestrichenen Blech zu einem dünnen Kuchen aus, rührt an die Zwiebeln eine starke Tasse voll saurem Rahm, vier Eier und einen Löffel voll fein geschnittene grüne Zwiebeln, vertheilt dieses Alles gleichmäßig über die Kuchenfläche, stupft ihn, daß er keine Blattern wirft und läßt ihn möglichst schnell mit heißen Ofen kochen.

262. Speckkuchen.

Man bereitet denselben Teig wie bei Nro. 261, läßt ihn bei der Wärme gehen und dehnt ihn nachher auf dem mit Butter bestrichenen Bleche zu einem fingerdicken Kuchen aus. Inzwischen wiegt man ein Viertelpfund frischen Speck fein, zerklopft ein Ei mit in bischen zerlassener Butter und zwei Löffel voll saurem Rahm, bestreicht damit den Kuchen, streut dann Speck, mit etwas Kümmel und Salz vermischt, darauf und läßt ihn backen.

263. Doppen- oder Käsekuchen.

Man preßt etwa ein Pfund Käsedoppen durch eine Serviette und rührt denselben dann mit saurem Rahm, zerlassener Butter, einer Handvoll fein gewiegter Mandeln, zwei ganzen und zwei gelben Eiern tüchtig ab. Wenn die Masse locker geworden, giebt man gestoßenen Zucker und ein bischen Zimmet, gewaschene und wieder getrocknete Weinbeeren und Rosinen und zwei Löffel voll feines Mehl darein. Nun legt man ein Kuchenblech mit ganz dünn ausgewalltem Butterteig (man sehe den Artikel) aus, giebt die gerührte Masse darein, legt frische Schnitten Butter auf und läßt den Kuchen rasch backen.

264. Citronenkuchen.

Mit einem halben Pfunde Butter, eben so vielem weißen Mehle, sechs Loth Zucker und vier Eierdottern bereitet man einen Teig. Zur Fülle dienen vier große schöne Aepfel edler Gattung und sechs Loth gesiebter Zucker. Die Aepfel werden nebst den Schalen von zwei Citronen auf dem Reibeisen fein gerieben und noch mit etwas Citronensaft beträufelt. Wenn noch fünf Eierdotter daran gerührt worden, walzt man den Teig aus, bringt ihn auf das Blech und die Fülle darauf. Man macht dann darüber von dem Reste des Teiges ein Gitter, bestreicht es mit Eiergelb und läßt den Kuchen backen.

265. Quittenkuchen.

Man siedet etliche Quitten mit Wasser halb weich,

schält und befreit sie dann von den steinigen Theilen, schneidet sie in feine Schnitten, kocht sie mit Wein und Zucker weich und kurz ein und läßt sie dann erkalten. Hierauf belegt man ein mit geriebenem Brode bestreutes Kuchenblech mit gutem Butterteig, mischt unter die erkalteten Quitten gereinigte Weinbeeren und Zibeben, gestoßene Mandeln und klein gewiegte Citronenschalen, vertheilt es über den Kuchen, macht mit dem Reste des Teiges ein Gitter über den Kuchen und läßt ihn sofort backen.

Auf ganz ähnliche Weise werden theils aus Hefen, theils aus Butterteig noch mehrere andere Arten Kuchen, als von Mandeln, Trauben, Johannisbeeren u. dgl. m. bereitet.

XIV.
Einige der gewöhnlichsten und beliebtesten Puddings, oder sogenannten Knöpfe.

266. **Englischer Pudding mit Chaudeau.**

Vier Eierdotter werden mit süßem Rahm abgequirlt und sofort über die klein aufgeschnittenen Rinden von drei Semmeln gegossen. Nachher treibt man zwölf Loth Butter ab und rührt nach und nach acht Eierdotter darein; von sechs Eiern wird das Weiße zu Schnee geschlagen und auch dazu gerührt; ein Viertelpfund Weinbeeren und eben so viel von den Körnern befreite und gewaschene Rosinen werden ferner darunter gemengt; ein Viertelpfund Zucker wird auf Citronen abgerieben, fein gestoßen und mit den angeweichten Semmelrinden dazu gegeben, dann nimmt man noch die Bröseln von einer Semmel darunter, und stäubt ein wenig Mehl hinein, bestreicht die Ecke einer Serviette dick mit Butter, giebt das Abgetriebene darauf und bindet es mit einem Bindfaden gut zusammen, aber nicht zu nahe an der gerührten Masse, welche Raum zum Laufen braucht. Indessen muß bereits Wasser in einem Topfe sieden; man salzt es ein wenig und giebt den Einbund hinein, läßt ihn sodann also anderthalb Stunden sieden, wendet ihn einige Mal mit der Serviette um und macht, ehe man ihn anrichtet, einen Chaudeau oder eine Weinsauce; man nimmt nämlich sechs Eierdotter in einen Topf, einen Schoppen Wein dazu, ein auf Citronen abgeriebenes Stück Zucker und etliche Tropfen Citronensaft und läßt dieses Alles auf Kohlengluth unter fortwährendem Quirlen zusammen gehen. Wenn es schäumt und dicklicht wird, stellt man es vom Feuer, giebt den Pudding oder Einbund *) aus der Serviette auf die Platte, den Chaudeau darüber und sendet Alles, noch heiß, zur Tafel.

---

*) Wenn man geschlossene blecherne Puddingsformen besitzt, kann man sich derselben zu jedem Pudding bedienen; man bestreicht die Formen mit kalter Butter, giebt die Masse darein, setzt sie auf ein Geschirr mit kochendem Wasser und kocht den Pudding in einem Backofen fertig; die Speise bleibt auf diese Art kräftiger und kocht schneller aus.

267. Reispudding.

Ein Viertelpfund Reis muß so lange in Milch kochen, bis er aufschwillt, worauf die noch übrige Milch abgeseiht wird. Nachher treibt man ein Viertelpfund Butter recht pflaumig, schlägt nach und nach sechs Eier daran, giebt ferner ein Viertelpfund klein geschnittenes Mark, Zucker und Zimmet darein, verrührt Alles gut zusammen und giebt noch so viel geriebene Semmel dazu, daß es zusammen hält, bindet es in eine mit Butter stark geschmierte Serviette und legt es in siedende Milch. Wenn der Pudding ausgesotten, wird er auf die Schüssel gegeben und folgender Chaubeau darüber gegossen: Man nimmt nämlich ein Quart süßen Rahm und sechs Eierdotter und quirlt es so lange mit Zucker, bis es über der Kohlenglut dicklicht wird.

268. Fleischpudding.

Man wiegt ein halbes Pfund gebratenes Kalbfleisch mit Citronenschalen, Chalotten und Petersilienkraut fein zusammen, nachher dämpft man das Weiche eines in Milch gelegenen und wieder ausgedrückten Milchbrodes mit zerlassener Butter, vermischt dieses in einer Schüssel mit dem gewiegten Fleische, giebt Salz und Muskaten hinzu und rührt es mit sechs Eierdottern ab, schlägt dann von fünf Eierklaren einen Schnee, mischt diesen in die Masse, bindet solche, wie dieses in den vorhergehenden Nummern angezeigt worden, in eine bestrichene Serviette und kocht den Pudding nach jener Vorschrift etwa eine Stunde lang.

Man kann dazu auch eine Buttersauce mit Morcheln, oder aber eine Sardellensauce geben.

269. Kartoffelpudding.

Ein Viertelpfund gebratenes Kalbfleisch und halb so viel geschabten Speck wiegt man mit Chalotten und Petersilie zu einer feinen Farce, stößt diese mit Butter, dann mit gesottenen und kalt aufgeriebenen Kartoffeln, Salz und Muskaten in einem Mörser gut ab, rührt sie dann in einer Schüssel mit sechs Eierdottern, schlägt das Weiße der Eier zu Schnee, zieht diesen durch die Masse, giebt sie in eine mit Butter bestrichene Form, setzt diese auf kochendes Wasser, läßt den Pudding drei Viertelstunden kochen, stürzt ihn, wenn er fertig, auf die Platte und giebt eine Buttersauce darüber.

270. Krebspudding.

Man reibt von drei Milchbroden die Rinde ab, schneidet das Innere der Brode in dünne Scheiben, gießt ein Quart süßen Rahm darüber, und stellt es nun auf Kohlengluth, bis alles Flüssige verzehrt und das Brod durchweicht ist, dann läßt man das Ganze kalt werden. Inzwischen wiegt man von etwa dreißig Kochkrebsen Schweife und Scheeren mit Petersilien zusammen, giebt sie zu dem abgekühlten Brode, gießt 12 Loth zerlassener Butter darüber und rührt solches mit sechs Eierdottern, Salz und Muskaten ab, zieht den Schnee von vier Eierweißen durch die Masse und verfährt dann mit derselben nach früherer Vorschrift.

Der Pudding muß eine Stunde kochen und giebt man schließlich eine Krebsſauce mit Morcheln darüber.

271. Fiſchpudding.

Ein Pfund Fiſch beliebiger Gattung wird gewaſchen, enthäutet und entgrätet, dann wäſcht man das Fiſchfleiſch noch einmal rein ab und wiegt es mit Zwiebeln, Peterſilienkraut, Sardellen, Citronenſchalen und einem Viertelpfunde Ochſenmark ganz fein, begießt es alsdann in einer Schüſſel mit zerlaſſener Butter, giebt ein abgeriebenes, in Milch durchweichtes und wieder feſt ausgedrücktes Milchbrod, Salz und Muskatenblüthe hinzu, rührt dieſes mit fünf Eierdottern leicht ab, zieht den Schnee von drei Eierklaren durch die Maſſe und verfährt dann nach früherer Vorſchrift. Dieſer Pudding muß eine Stunde kochen und kann mit einer Sardellen- oder Butterſauce ſervirt werden.

272. Brennender Pudding.

Etwa drei Loth ſüße Mandeln werden mit ein wenig Waſſer geſtoßen, dann werden ſie mit vier Loth feinem Mehl, mit zu Schaum geſchlagener Butter und geſtoßenem Zucker gut vermiſcht; ferner giebt man allmählig fünf Eierdotter und den Schnee von dem Weißen dieſer Eier nebſt ſo vielem Biscuitpulver hinein, als die vorhandene Flüſſigkeit erfordert. Dieſe Maſſe kommt hierauf in ein blechernes, mit Butter beſchmiertes Modell, welches in der Mitte eine furze hohle Röhre hat, in der ſich eine kleine Spirituslampe anbringen läßt. Wenn der Pudding in dem Modelle hinlänglich auf kochendem Waffer gestanden hat, zündet man in der Lampe den feinsten Spiritus an und läßt ihn eine Zeitlang brennen, bis er eine schöne blaue Flamme macht, der Pudding aber wird mit feinem Arrac begossen, welcher sich beim Serviren durch die Flamme des Spiritus ebenfalls entzündet.

XV.
Müße (Breie) und Aufläufe.

273. Ordinäres Kindsmuß.

Zwei kleine Kochlöffel voll Mehl rührt man zuerst mit ein wenig Milch, verdünnt es dann vollends mit Milch, fügt ein Stückchen frischen Butter bei und rührt es so lange, bis es recht im Kochen ist, oder ein sogenanntes Kreuz kocht; wenn es bald fertig ist und gut verkocht hat, giebt man einen Löffel voll gestoßenen Zucker darein.

274. Griesmuß.

Man kocht eine Maß Milch mit einem Stück Butter, rührt drei Hände voll Gries darein, läßt es dick einkochen und dann kalt werden. Inzwischen zerklopft man sechs gelbe Eier mit drei Löffel voll Zucker und rührt dieses an das erkaltete Muß, giebt solches auf eine mit Butter bestrichene Platte und läßt es im Ofen langsam aufziehen.

275. Semmelmuß.

Man kocht in einer Maß Milch eine aufgeriebene

Semmel, rührt diese mit einem Stück Butter und
Zucker ab, läßt es ein wenig einkochen, giebt dann
zwei mit Milch abgerührte Eierdotter dazu, rührt es
auf der Kohlengluth noch eine Zeit lang und bestreut
es vor dem Anrichten mit Zucker und Zimmet.

276. Reismuß.

Sorgfältig gereinigten Reis (etwa ein Viertel=
pfund) brüht man mit kochendem Wasser ab, gießt
dieses weg, und läßt sofort den Reis mit einer Maß
heißer Milch, Butter und Zucker auf Kohlengluth lang=
sam weich kochen. Wenn er fertig ist, legt man die
angesetzte Kruste oben darauf und bestreut das Muß
mit Zucker und Zimmet.

277. Eiermuß.

Zehn Eierdotter werden mit einem Stücke Butter
leicht abgerührt, dann giebt man ein Paar Löffel voll
gestoßenen Zucker daran, bringt das Muß auf eine
mit Butter bestrichene Platte und läßt es bei gelindem
Ofenfeuer gar werden.

278. Citronenmuß.

Man rührt drei Kochlöffel voll feines Mehl mit acht
Eierdottern glatt, verdünnt solches mit guter Milch,
reibt eine Citrone auf Zucker ab, giebt diesen in das
Muß, kocht es unter beständigem Umrühren gut aus
und bestreut es zuletzt mit gestoßenem Zucker. Statt
mit Milch kann man auch dieses Muß mit einem
Quarte Wein einkochen.

*

279. Aufgebranntes Citronenmuß.

Mit acht Eierdottern und sechs Eßlöffel voll feinem Mehle rührt man in der Pfanne einen Teig an und giebt eine Maß Milch dazu, reibt dann ein Viertelpfund Zucker auf Citronen ab, nimmt die Hälfte dieses Zuckers in das Muß und rührt es gleich einem Kindsmuß fortwährend ab. Wenn es aufgekocht, so schüttet man es auf eine ganz flache Platte und die andere Hälfte des Zuckers darüber, worauf man mit einer glühenden Schaufel behende darüber wegfährt, bis es eine schöne Zucker=Glace bekommt. Dieses Muß ist vorzüglich, und selbst auf vornehmen Tafeln beliebt.

280. Chocoladenmuß.

Vier Loth geriebene feine Chocolade mit eben so vielen gestoßenen Mandeln werden mit einer halben Maß Milch glatt gerührt und nebst einem Stückchen Zucker ein wenig eingekocht; dann zerklopft man sechs Eierdotter, rührt die gekochte Chocolade hinein, gießt sie auf eine mit Butter bestrichene Platte und läßt es auf kochendem Wasser zusammen ziehen.

281. Aepfelmuß.

Geschälte und aufgeschnittene Aepfel werden mit Butter gedämpft und dann in weichem Zustande mit Wein verrührt. Ferner röstet man einen Löffel voll Semmelmehl mit ein wenig Butter gelb, giebt dieses mit etwas Zucker, Zimmet und gereinigten Weinbeeren an die Aepfel, kocht das Muß noch ein wenig auf und sendet es zur Tafel.

282. Kindsmußauflauf mit Vanille.

Man rührt etwa fünf Löffel voll Mehl mit einer Maß Milch nach und nach zu einem Brei, kocht es während beständigem Rühren ganz dicklicht, läßt es abkühlen, rührt sechs Eierdotter und den Schnee von sechs Eierklaren nebst gestoßenem, mit Vanille vermischtem Zucker darunter, beschmiert eine blecherne Reißschüssel oder Backcasserolle mit Butter, bestreut sie mit Bröseln, giebt das gerührte Muß hinein und bäckt es drei Viertelstunden ganz langsam in der Röhre, oder giebt unten und oben Kohlengluth. Ist das Gebäcke schön aufgelaufen, so sticht man mit dem Messer hinein; wenn sich nichts Nasses mehr an das Messer anlegt, so bestreut man es oben mit gesiebtem Zucker und bringt es schnell zur Tafel.

283. Feiner Reisauflauf.

Sorgfältig gewaschener Reis (ein Viertelpfund etwa) wird ganz dick mit einer Maß Milch eingekocht, dann ausgeschüttet und abgekühlt. Nachher treibt man ein halbes Pfund Butter mit dem Reis recht pflaumig ab, schlägt die Dotter von zwölf Eiern und vom Klaren derselben den Schnee hinein und giebt Zucker und Zimmet dazu. Inzwischen wird eine Reißschüssel mit Butter bestrichen und mit Semmelbröseln bestreut, oder man setzt einen Reif auf ein Blatt, macht von schlechtem Mehle einen Teig am Boden herum, schmiert und bröselt ihn aus, giebt das Gerührte hinein, backt es nach Nro. 282 und giebt es, mit Zucker und Zimmet bestreut, zur Tafel; den Reif nimmt man aber davon ab, und stellt den Auflauf sammt dem Blatte, worauf er gebacken worden, auf die Schüssel.

284. Aepfelauflauf mit Arrac.

Es werden ein Dutzend große Borstorfer Aepfel weich gebraten, abgezogen und rein ausgeschabt, dann rührt man ein Viertelpfund gestoßenen Zucker mit zehn Eierdottern leicht zusammen, giebt den Saft und die abgeriebene Schale einer Citrone, so wie zwei Löffel voll guten ächten Arrac nebst den abgekühlten Aepfeln hinzu, und rührt dieses noch eine Zeit lang, schlägt hernach das Weiße der Eier zu Schnee, zieht es durch die Masse, giebt solche auf eine mit Butter bestrichene Porzellan-Platte, stellt sie in einem mäßig geheizten Ofen auf Sand, damit die Platte nicht springt, und läßt also den Auflauf langsam aufziehen.

285. Orangen- oder Citronenauflauf.

Von vier Mundsemmeln schält man die Rinde ab, weicht die Semmeln in Milch ein, drückt sie wieder aus und trocknet sie auf der Gluth, in einer Pfanne gleich Brandteig ab, treibt ferner ein halbes Pfund Butter mit diesen Semmeln in einer Schüssel gut ab, und wenn es fein genug, rührt man allmählig zwölf Eierdotter darein, wie auch den Schnee von den Eierklaren, dann klein gestoßene Mandeln und zwölf Loth Zucker, welcher auf Orangen und Citronen gut abgerieben und hernach fein gestoßen wurde, hinzu. Nachdem Alles schön pflaumig gerührt worden, giebt man es in einem Reif, bäckt es langsam aus und bestreut es zuletzt mit Zucker.

286. Kaiser-Auflauf.

Zehn Eierdotter werden nach und nach mit einem halben Pfunde Butter abgerührt, hernach kommt ein Weinglas voll süßer Rahm, vier Löffel voll feines Mehl, gestoßener, nach Belieben mit Vanille vermischter Zucker, klein geschnittene Mandeln und Citronenschalen dazu. Schließlich wird der Auflauf in einem mit Butter beschmierten, mit Bröseln bestreuten Reife, nach früherer Vorschrift langsam gebacken.

287. Biscuit-Auflauf.

Acht Eierdotter werden mit einem Viertelpfund gestoßenem Zucker recht pflaumig abgerührt, und der Schnee von sechs Eierklaren hinein gezogen. Ferner werden vier Loth pulverisirtes Biscuit und eben so vieles feines Mehl mit Butter zusammengerührt, und mit obigem vermischt, auch kann man dem Ganzen nach Belieben den Geruch von Citronen, Vanille oder Maraskino geben; übrigens wird auch dieser Auflauf langsam und nach früherer Vorschrift gebacken und wie gewöhnlich mit Zucker bestreut zur Tafel gegeben.

288. Lungenauflauf.

Drei von der Rinde abgelöste Semmeln werden in Milch erweicht, ausgedrückt und abgetrocknet, dann treibt man sie mit Butter ab, schneidet eine gebrühte Kalbslunge mit einer Handvoll Weinbeeren und ausgelösten Zibeben, dann Citronenschalen recht fein zusammen und rührt dieses Alles nebst zwölf Eierdottern und dem Schnee von acht Eierweißen unter die Semmeln. Man kann es auch nach Belieben mit Zucker versüßen, jedoch darf es nur wenig gesalzen werden. Der Auflauf wird dann nach mehrmal wiederholter Angabe gebacken.

In ähnlicher Weise kann man auch Aufläufe von Kirschen, Zwetschen, Aprikosen, Chocolade, Käse und dgl. m. bereiten und ausbacken.

XVI.
Butterteige und Pasteten

289. **Ganz gewöhnlicher Butterteig.**

Man nimmt auf ein halb Pfund Butter drei Viertelpfund Mehl und schneidet von dieser Butter kleine Stücke in der Größe einer Wallnuß, in das Mehl, dann bereitet man mit Milch einen nicht zu festen Teig daraus, wirkt ihn noch ein wenig, walzt ihn Messerrücken dick aus und belegt ihn mit eben so dicken Schnitten Butter. Hernach schlägt man den Teig übereinander, und walzt ihn wieder so lange aus, bis keine Butter mehr im Teige wahrzunehmen bleibt. Man kann diese Art Butterteig zu jedem hiezu überhaupt geeigneten Backwerke anwenden. Hinsichtlich der Butterteige ist übrigens vorerst und insbesondere zu bemerken, daß das Mehl schön weiß, gut und trocken seyn muß. Schlechtes Mehl verdirbt ihn ganz und gar. Knollichtes Mehl muß man vor dem Gebrauche jedenfalls durch einen Durchschlag passiren lassen.

290. Mürber Butterteig.

Zu einem halben Pfunde Mehl wird eben so viel Butter in eine Schüssel geschnitten, dann werden damit zwei Eierdotter und ein Gläschen Wein verrührt. Ferner wird dieser Teig auf einem Nudelbrette ein bischen gewirkt, ausgewalzt und so lange übereinander geschlagen, bis die Butter das Mehl ganz und gar angenommen hat. Dieser Teig läßt sich sowohl zu Pasteten als auch zu Butterteigtorten verwenden.

291. Geblätterter Butterteig.

In die Mitte eines auf das Nudelbrett geschütteten Pfundes Mehl macht man eine Grube und bringt in dieselbe folgende Ingredienzen, als: ein Ei mit ein wenig Salz, ein Glas voll Wasser, einen Eßlöffel voll Branntwein und ein Stück Butter klein verschnitten. Daraus wirkt man einen Teig von der Beschaffenheit, daß die Masse wieder aufgeht, wenn man mit dem Finger hineindrückt. Nun läßt man den Teig eine Stunde ruhen, walzt ihn dann aus, schneidet ein Pfund Butter in Stücke, knetet dieselbe in frischem Wasser aus, legt ferner ein reines, nasses Leinentuch auf einen großen runden Deckel und auf das Tuch die Butter, deckt diese mit der andern Hälfte vom Tuche wieder zu, und walzt sie dann zwischen dem nassen Tuch mit dem Wallholze halben Fingers dick aus. Nachher trocknet man das Wallholz wieder ab und walzt den Teig noch einmal in demselben Verhältnisse aus, als die Butter ausgewalzt wurde, legt die Butter auf die halbe Seite des Teiges, schlägt die andere Hälfte darüber und walzt so den Teig abermals aus, wobei man aber beachten muß, daß er kein Loch bekommt. Auf solche Art wird der Teig viermal aufgewalzt, das eine mal von der linken zur rechten, und das andere mal von der rechten zur linken Hand übergeschlagen, bis er an allen vier Theilen eingeschlagen ist. Erlaubt es die Zeit, so ist es gut, wenn man den Teig nach dem ersten Auswalzen noch eine Stunde ruhen läßt. Uebrigens läßt sich auch dieser geblätterte Teig ebenfalls sowohl zu Pasteten als zu Butterteigtorten verwenden.

292. **Gehäcke (Speck= und Leberfarce), zu allen, insbesondere aber zu Geflügelpasteten verwendbar.**

Wenn man eine Pastete von zahmem oder wildem Geflügel herstellen will, wozu man ein Gehäcke (Fülle, Farce) nöthig hat, muß man die Lebern und Magen des Geflügels vorerst sorgfältig putzen und waschen, das Harte der Magen ausschneiden, dann mit gewürfelt geschnittenem Speck und einem Paar ganzer Zwiebeln ein wenig dünsten oder dämpfen. Ferner läßt man das Fett in einem Durchschlage ablaufen, zerhackt die Magen und Lebern und vermischt sie mit Semmelmehl, Eiern, ein Paar Löffel voll süßem Rahm, fein zerschnittenen Citronenschalen, dann etwas Pfeffer und Muskatnuß. Diese Farce wird gebraucht, die Pasteten von unten und oben auszufüllen. — Auf ähnliche Art bereitet man auch eine Farce aus Kalbfleisch), oder aber eine andere, indem man nämlich ein halbes Pfund Speck, Sardellen und Kappern, einen Vierling Kalbsleber, Citronenschalen, Chalotten und Lorbeerblätter zusammenwiegt.

293. **Pastetenfertigung im Allgemeinen.**

Man kann die Pasteten aufgesetzt, oder aber in Pastetenpfannen oder in Zinnschüsseln herstellen. Zur aufgesetzten Pastete wählt man einen von den oben beschriebenen Butterteigen und sondert denselben in zwei Theile, einen zum Boden, den andern zum Deckel. Den zum Boden gehörigen wälzt man etliche Messerrücken dicker, als den zur Decke bestimmten und den letztern nur zwei Querfinger höher. Man schneidet den Teig zum Boden nach einer Schüssel, worauf die Pastete angerichtet werden soll, länglicht oder rund, legt ihn auf das Blech, auf dem er gebacken werden soll, und bestreicht den Boden außen herum am Rande mit verklepperten Eiern, schneidet dann drei fingerbreite Teigstreifen und legt sie auf den bestrichenen Rand. Will man die Pastete leer backen und erst nachher füllen, so legt man auf den Boden derselben eine Serviette oder zusammengeballtes Papier, bestreicht obige Teigstreifen wieder mit Eiern und schlägt den Deckel in folgender Art darüber; man drückt nämlich die Enden desselben neben herum auf die drei Finger breiten Streifen, doch nicht allzufest auf. Dort, wo der Deckel, über die zusammengeballte Serviette oder das Papier gewölbt, in die Höhe zu steigen beginnt, bestreicht man ihn mit Eiern,

legt ein Teigband rings umher darauf, schneidet in
dieses Band mit dem Messer beliebige Verzierungen
ein, auf derjenigen Stelle aber, wo das Band zu=
sammen schließt, legt man eine aus Teig geschnittene
Blume, die auch zuvor mit Eiern bestrichen werden
muß, damit sie kleben bleibt. Nachher bewerkstelligt
man außen am Rande der Pastete eine kleine Oeff=
nung, um vermittelst eines abgeschnittenen Federkiels
die Pastete aufzublasen, worauf aber die Oeffnung
schnell wieder zugedrückt wird. Schließlich wird der
Pastetenrand außen herum mit einem heißgemachten
Messer abgeschnitten, auch werden alle drei finger=
breit an derselben Stelle Einschnitte gemacht nnd end=
lich die Pastete zum Backen in den Ofen gebracht. —
Will man aber in die Pastete, ehe sie gebacken wird,
Fleisch oder Geflügel bringen, so muß vorerst eine der
oben beschriebenen Farcen hergestellt, der Boden der
Pastete damit bestrichen, die Hühner oder das Fleisch
darauf gelegt, und wieder mit Farce bedeckt werden,
worauf dann die Pastete weiter nach Vorschrift be=
handelt wird. Will man die Pastete in der Schüssel
backen, so wird hiezu der bei Nro. 290 erwähnte
mürbe Teig verwendet. Da übrigens die Anfertigung
des leeren Pastetenteigs mit vielen Umständlichkeiten
verknüpft ist und auch viele Uebung erfordert, ge=
schieht es häufig, daß man denselben vom Zucker=
bäcker machen läßt (was auch keine großen Kosten
verursacht) und nur die Füllung der Pasteten in den
Haushaltungen besorgt, über welches Verfahren wir

uns nun in den nächstfolgenden Nummern verbreiten werden.

294. Hühnerpastete.

Die gepuzten jungen Hühner werden in Viertel zerschnitten, dann noch einmal gewässert und in kaltem Wasser zum Feuer gesezt. Wenn das Wasser anfängt zu sieden, gießt man es ab, bringt in eine Casserolle zu zwei Hühnern einen halben Vierling Butter, eine ganze Zwiebel und ein wenig Mehl, gießt Fleischbrühe auf und läßt sie schnell kochen. Die Hühner werden hierauf zur Seite gestellt und die Zwiebel wieder herausgenommen, dann rührt man drei Eierdotter mit süßem Rahm und Petersilienkraut an. Wenn die Zeit des Anrichtens nahet, sezt man die Hühner wieder aufs Feuer, träufelt Citronensaft auf sie, fügt etliche Messerspizen voll gestoßene Muskatblüthe bei, und rührt die Eierdotter mit der Hühnersauce an, dann sezt man sie in einem kleinen Geschirre zum Feuer und läßt sie unter fortwährendem Rühren ein wenig anziehen, damit die Sauce nicht gerinnt. Schließlich gießt man die Sauce zu den Hühnern und füllt das Ganze in eine aufgesezte, leer gebackene Pastete.

295. Fischpastete.

Es wird ein kleiner enthäuteter und sorgfältig gewaschener Aal in runde Scheiben geschnitten, oder es werden Forellen ausgegrätet, in kleine Stücke zerschnitten und in Essig gelegt. Nachher wird ein Stück

Butter in einer Casserolle zerlassen, ferner werden ein Löffel voll Semmelmehl und eben so vieles anderes feines Mehl, ein wenig Fleischbrühe, geschnittene Chalotten, Petersilienkraut, Citronenschalen, Rosmarin, Citronensaft, Kappern, ein wenig Muskatblüthe und Salz dazu gegeben, die Fische aber werden mit ein wenig Essig mit obiger Sauce eine Viertelstunde lang zusammen gekocht, worauf man sie vom Feuer nimmt und erkalten läßt. Inzwischen wird eine Schüssel mit mürbem Butterteige ausgelegt, die Fische werden mit der einen Hälfte der Sauce hinein gebracht, der Deckel wird darauf gesetzt und die Pastete schön gelb gebacken. Ehe man sie aber zur Tafel bringt, schneidet man den Deckel der Pastete auf, gießt die andere heiß gemachte Hälfte der Sauce hinein und läßt die Speise sofort serviren.

296. Krebspastete.

Von drei Semmeln schneidet man die Rinde ab und läßt das Weiche dieser Semmeln mit einer Maß Milch einkochen. Inzwischen siedet man etwa dreißig kleine Kochkrebse, bricht deren Schweischen und Scheeren aus, stößt dann die Schalen und röstet sie mit einem halben Pfunde Butter; dieses Geröstete wird nun durch ein reines Leinentuch gepreßt und kommt an das gekochte weiße Brod, welches mit zehn Eierdottern stark angerührt wird, indem man noch den Schaum von sechs Eierklaren, in Butter gedämpfte Chalotten, Petersilienkraut, Muskatblüthe und Salz nebst den klein geschnittenen Krebsschwänzen und Scheeren beigiebt, welche Fülle in die Paftete gebracht wird, die man nun nach Vorschrift backen läßt.

297. Stockfischpaftete.

Weißes, in Milch geweichtes Brod wird mit in Butter gedämpften Zwiebeln und Peterfilienkraut vermischt, dann werden ein Paar Eier daran geschlagen und Alles auf dem Feuer noch etliche Mal umgerührt, worauf man die Maſſe in eine Schüſſel ſtürzt, und ſie in derſelben mit noch etlichen Eiern, Muskatblüthe und Salz verrührt. Mit dieſer Farce nun belegt man den Boden einer aufgeſetzten Paftete, dann folgt der gekochte Stockfiſch, welcher mit ſüßem Rahm übergoſſen und mit der andern Hälfte der Farce bedeckt wird.

298. Kalbfleiſchpaſtete.

Ein ganzer oder halber, abgehäuteter Kalbſchlegel wird in breite viereckige, aber nur fingersdicke Stückchen zerschnitten, und mit einem Meſſerrücken überklopft; von dem Abgange des Kalbfleiſches aber macht man eine Farce. Das geklopfte Fleiſch muß eine Stunde, ehe es in die Paftete gebracht wird, auf beiden Seiten mit Salz, Gewürznelken, Pfeffer und Muskatblüthe beſtreut, dann in ein Geſchirr gelegt und mit etwas Weineſſig begoſſen werden. Hierauf wird der Boden einer aufgeſetzten Paftete von geblättertem Butterteige mit jener Farce belegt, dann folgt eine Lage des geklopften und zerſchnittenen Kalbfleiſches und ſo fort bis die Paftete voll wird; ganz oben auf legt man einige Speckscheiben und bringt dann die Pastete in den Ofen. Wenn sie ausgebacken, wird die Pastete aufgeschnitten und der Speck herausgenommen, dagegen aber kann man über die Fülle noch eine Sardellen- oder eine andere saure Sauce gießen.

299. Schinkenpastete.

Ein gewöhnlicher Nudelteig wird bereitet, ausgewalzt und in kleine viereckige Flecklein zerschnitten, welche mit Rahm dicklicht eingekocht werden. Nachher werden fein zerschnittener Schinken, drei Eierdotter, zerlassene Butter, Muskatblüthe und Salz durch die verkochten Flecklein gut vermischt. Inzwischen hat man mürben Butterteig ausgewalzt, eine Casserolle mit Butter bestrichen und mit Semmelmehl bestreut. Von dem Butterteige werden die Streifen möglichst lang geschnitten und in die Casserolle über's Kreuz gelegt. Ueber diese Streifen wird das ganze Geschirr vollends mit Teig ausgelegt, das Angerührte darein gefüllt, der Deckel darüber gelegt und mit einem Ei bestrichen. In den Deckel werden mit der Gabel kleine Löcher gestochen, und wenn die Pastete gebacken, wird sie auf eine Schüssel umgekehrt gestürzt und also servirt.

300. Wildpretpastete.

Die zur Pastete bestimmten Theile eines gebeizten Wildpretschlegels werden abgehäutet, auf allen Seiten gespickt, mit Salz, Gewürznelken und Pfeffer bestreut, und sofort in einer Casserolle mit zerlassener Butter, dann klein zerschnittenem Thymian und Basilikum eine Zeit lang gedämpft; während des Dämpfens wendet man das Wildpret einigemal um, beträuft es mit Citronensaft und läßt es über Nacht in dieser Sauce stehen. Des andern Tags bereitet man eine Farce, wozu man statt der Leber Wildpret nehmen kann, belegt dann den Boden einer aufgesetzten Pastete mit der Hälfte der Farce, darauf kommt das Wildpret mit der Sauce, in welcher es gedämpft worden, dann oben darauf wieder Farce. Die Pastete wird auf die gewöhnliche Art gebacken; inzwischen aber bereitet man folgende sehr pikante Sauce: Man belegt den Boden einer Casserolle mit dünnen Scheiben geräucherten Speckes, mit einem halben Pfunde Kalbfleisch und eben so vielem, in Stücke geschnittenem und in Mehl umgewendetem Rindfleisch, wozu noch ein Paar zerschnittene Zwiebeln und etliche Stücke Schinken kommen. Alle diese Ingredienzen müssen in der fest verschlossenen Casserolle langsam und so lange dämpfen, bis sie sich am Boden dunkelbraun färben. Nun gießt man ein Paar Löffel voll kaltes Wasser daran, und wenn es einige Minuten gestanden, füllt man es mit einem Theile Wein und zwei Theilen Fleischbrühe auf und läßt es eine Stunde kochen. Zuletzt gießt man Alles durch ein Haarsieb, giebt zu der durchseihten Brühe Sardellen, Chalotten und Kappern, läßt sie noch einmal aufkochen und gießt dann diese Sauce in die aufgeschnittene Pastete.

301. Kaiserpastete.

Zu einem Viertel Pfund pflaumig abgetriebener Butter rührt man allmählig sechszehn Eierdotter und giebt dann sechs Löffel voll feines Mehl und eben so viel süßen Rahm dazu. Wenn Alles gut verrührt ist, schneidet man ein gut blanchirtes Kalbspries und Euter in Würfeln auf, und rührt es ebenfalls darunter, so wie fein geschnittene Citronenschalen, etwas Muskatnuß und ein bischen Salz, belegt dann eine flache Casserolle mit Butterteig, bringt das Gerührte darauf, bildet die Pastete vollends aus und läßt sie langsam im Ofen backen. Wenn sie ganz ausgebacken, wird sie oben aufspringen, worauf man sie heraus auf eine Platte stürzt und sofort zur Tafel sendet.

302. Kalte Pastete.

Man taucht ein halbes Pfund Krumen oder Brosamen von hausbackenem (schwarzem) Brode in frisches Wasser und giebt dazu ein halbes Pfund frischen Speck, einen halben Vierling Sardellen, eben so viel Kappern, ein Paar große Zwiebeln, ein wenig Thymian und Basilikum, und von einer Citrone Schale und Mark. Dieses Alles wird klein gehackt, dann in einer Schüssel mit einem Löffel voll Semmelmehl, ein wenig Pfeffer, Ingwer, Muskatnuß, Salz, einem Ei und Citronensaft gut gemischt und zum Farciren bei Seite gestellt. Der Boden einer aufgesetzten Pastete wird mit der Hälfte dieser Farce belegt, die zweite Lage aber bilden rothes Wildpret, Repphühner oder wilde Enten, welche man schon früher hat dämpfen und erkalten lassen, in der Art, daß die Pastete in der Mitte erhöht wird; auch gießt man etliche Löffel von der Sauce darüber. Hernach bedeckt man diese zweite Lage mit der noch übrigen Farce und setzt den Deckel darüber. Die Pastete muß anderthalb bis zwei Stunden im Backofen bleiben, je nachdem das Wildpret darinnen alt oder jung ist. Wenn sie anfängt gelb zu werden, muß man sie mit einem Bogen Papier bedecken, sonst verbrennt der Teig, bevor noch das Innere gar wird. Uebrigens pflegt man diese Pastete nur kalt zu serviren.

Kleine Pastetchen, welche bei Tafeln, insbesondere gleich nach der Suppe servirt werden.

303. Hachispastetchen.

Ein halbes Pfund kalter Kalbsbraten wird mit einem Löffel voll Kappern, einem Viertelpfunde Mark, ein Paar Chalotten, Citronschalen und vier Loth gereinigten Sardellen fein zerwiegt, nachher mit einem Stücke Butter gedämpft, eine Messerspitze voll Mehl darauf gestäubt und wenn solches gut angezogen hat, ein Paar Löffel voll Wein nebst Citronensaft dazu gegeben, dann zum Erkalten bei Seite gestellt. Nachher schneidet man, nach der Form einer Obertasse, von Butterteig runde Plättchen, bestreicht die Hälfte derselben neben herum mit zerklopften Eiern, giebt auf diese einen Eßlöffel voll von oben beschriebenem Hachis, deckt dieses mit einem unbestrichenen Plättchen zu, drückt die Enden am Rande gut an, bestreicht das Pastetchen mit Eier, schneidet oben kleine Schlitze ein, damit der Dampf heraus kann, und backt sie wie gewöhnlich im Ofen.

304. Reispastetchen.

Man kocht ein Viertelpfund Reis mit Milch ganz weich und dick, mischt, so lange er noch heiß, vier Loth Butter dazu und rührt damit den Reis bis zum Erkalten; nachher rührt man vier Eierdotter und das Klare, zu Schnee Geschlagene derselben mit etwas Salz und Muskatblüthe darunter, belegt kleine Formen mit Butterteig, giebt die gerührte Reismasse darein, und läßt die Pastetchen im Ofen schnell backen.

305. Krebspastetchen.

Von drei Semmeln wird die Rinde abgeschnitten und das Uebrige in Milch eingeweicht; ferner werden 25 kleine Krebse in Salzwasser gesotten und deren Schwänze und Scheeren ausgebrochen, dann wird in folgender Art Krebsbutter bereitet: Man stößt nämlich die Krebsschalen möglichst fein, röstet sie in einem Vierling Butter und wenn sie sich roth färben, preßt man dieselben durch ein reines Leinentuch. Nachher drückt man das eingeweichte Brod aus, und giebt etwas geriebene Citronenschale, nebst Zucker und einer Hand voll abgezogener und fein gestoßener Mandeln dazu. Dieses Alles wird tüchtig durcheinander gemischt und nachher wie oft angegeben in den Pastetenteig gefüllt.

306. Austernpastetchen.

Man bedient sich zur Anfertigung derselben kleiner flacher Formen, welche mit dünnem Butterteige belegt werden; nachher öffnet man die Austern und läßt deren Saft in ein kleines Geschirr laufen, legt dann in jede Form zwei gepußte Austern, nebst ein wenig zerlassener Butter, Muskatblüthe, fein geschnittenem Petersilienkraut und einem Kaffeelöffel voll Austernsaft, ferner bestreut man die eingefüllten Pastetchen mit ein wenig geriebenem weißen Brode und läßt sie dann in einem heißen Ofen schnell backen. Man kann sich auch, statt der flachen Pastetenformen, gleich der Austernschalen selbst bedienen, doch versteht es sich für diesen Fall ohnehin, daß dann die Austernschalen ehevor äußerst sorgfältig gereinigt werden müssen.

XVII.
Torten und Zuckerbackwerk.

307. Biscuittorte.

Man rührt ein halbes Pfund fein gesiebten Zucker mit neun ganzen und vier gelben Eiern so lange, bis Alles ganz dick wird, schlägt dann vierzehn Loth Stärkemehl durch ein Sieb dazu, giebt dieses mit einer abgeriebenen Citronenschale darein, füllt dann die Masse in eine mit Butter bestrichene und mit geriebenem Brode bestreute Form, bringt sie unverweilt in einen mäßig geheißten Ofen und läßt sie etwa eine kleine Stunde lang backen. — Uebrigens muß man bei allen gerührten Torten insbesondere darauf sehen, daß so lange sie im Aufziehen sind, der Ofen wohl geschlossen bleibt, auch dürfen sie nicht hin und wieder gerüttelt werden, weil sie sonst zusammensitzen und schwer werden.

308. Chocoladetorte.

Im Wesentlichen wird sie wie die Biscuittorte zugerichtet, indessen nimmt man nur acht Loth Stärkemehl, dagegen aber vier Loth geriebene und durchgesiebte Chocolade, welche letztere von dem Mehl in den Teig gerührt wird.

309. Zimmettorte.

Sie wird ebenfalls wie die Biscuittorte zugerichtet, nur mit dem Unterschiede, daß unter den Zucker noch ein Loth fein gestoßener Zimmet gemengt wird.

310. Sandtorte.

Drei Viertelpfund frische Butter wird zu Schaum und dann 15 Eierdotter darunter geschlagen, ferner giebt man drei Viertelpfund fein gesiebten Zucker, ein Pfund schönes Mehl und abgeriebene Citronenschalen dazu, rührt es mit diesem eine Viertelstunde lang, zieht von den Eierklaren den geschlagenen Schnee durch und füllt dann den Teig nach abermaligem Rühren in eine mit Butter bestrichene und mit Semmelmehl bestreute Tortenform.

311. Brodtorte.

Ein halbes Pfund ungeschälte und aufgeriebene, dann ein Viertelpfund abgeschälte und gestoßene Mandeln werden zusammen in einen Topf geschüttet und mit einem halben Pfund gestoßenen Zucker und achtzehn Eiergelben eine halbe Stunde lang schnell und pflaumig abgerührt; dann mischt man den Schnee von zwölf Eiern und vier Loth fein aufgeriebene und abgetrocknete schwarze Brodbröseln, so wie ½ Loth klein gestoßene Gewürznelken, ein Loth Zimmet und klein geschnittene Citronenschalen darunter. Wenn dieses Alles zusammen gut verrührt ist, bestreicht man eine Tortenform mit Butter, bröselt sie und läßt die Torte langsam eine Stunde lang backen; wenn sie ausgebacken ist, so stürzt man sie heraus, wendet sie dann wieder um, und macht ein Eis oder einen Zuckerguß darüber. Man nimmt nämlich vier Loth fein gestoßenen und gesiebten weißen Zucker in eine Schüssel und rührt das Weiße von einem Ei daran, immer auf einer Seite, bis es nach einer halben Stunde dicklich wird, worauf man noch ein Paar Tropfen Citronensaft darunter mischt, die Torte sofort Messerrückendick damit überstreicht und sie im Ofen nur abtrocknen läßt, damit sie schön glänzt und weiß bleibt. Man belegt die Torte noch mit eingesottenen Früchten, auch kann man das Eis mit eingesottenen Säften beliebig färben, oder mit Streuzucker besäen. Dieses Eis oder der Zuckerguß kann auch bei der Biscuit- und andern Torten angewendet werden.

312. Punschtorte.

Man rührt ein Pfund frische Butter mit acht ganzen und zehn gelben Eiern eine Stunde lang, schlägt ein Pfund feines Mehl und eben so viel gestoßenen Zucker durch ein Sieb und rührt dieses ebenfalls allmählig an die Butter, schlägt das Weiße der zehn Eier zu einem steifen Schnee und mischt diesen nebst einigem Citronensaft in die Masse. Nun bestreicht man drei glatte, ganz gleiche Formen mit Butter, bestreut sie mit geriebenem Brode, vertheilt die Masse zu ganz gleichen Theilen in die drei Formen und läßt sie backen. Wenn die Torten fertig und erkaltet sind, schneidet man jede von der Seite und in der Mitte durch, benetzt sie mit Arrak, überstreicht das Benetzte einen starken Messerrücken dick mit Johannisbeeren, setzt alle sechs Theile auf einander, schneidet die Torte am Rande herum gleich, bestreicht den obern Theil, der nicht mit Johannisbeeren belegt seyn darf, mit Arrak und überzieht denselben mit folgender Glace: Man reibt nämlich eine halbe Citrone an Zucker ab, schabt das Gelbe herunter, trocknet es am Ofen, stößt und läßt es durch ein Sieb, giebt ein Viertelpfund fein gesiebten Zucker, ein halbes zerklopftes Eierklar, einige Tropfen Citronensaft und Arrak darein, und rührt es sofort zu einer dicken Glace.

313. Mandeltorte.

Ein halbes Pfund Mandeln wird geschält und gestoßen und dann mit zwölf Loth Zucker in einem Topfe vermischt; ferner schlägt man sechszehn Eierdot-

ter darein, rührt dieses zusammen eine halbe Stunde
gut ab, schlägt von vier Eierweißen einen Schnee
und rührt ihn mit klein geschnittener Citronenschale
ebenfalls darunter. Wenn das Ganze pflaumig abgerührt worden, füllt man die Masse nach Vorschrift in
die Form und giebt sie in den Ofen.

314. Linzer-Torte.

Wenn ein Viertelpfund Butter zu Schaum geschlagen worden, giebt man allmählig vier Eierdotter
hinein, stößt mit sechs Loth Zucker drei Gelbe von hart
gesottenen Eiern und etwas Zimmet im Mörser, mengt
ein Viertelpfund Mehl und klein geschnittene Citronenschale mit den übrigen Ingredienzen tüchtig zusammen, arbeitet die Masse auf dem Brette und mit
den Händen zu einem recht zarten Teige, füllt damit das ausgeschmierte Tortenblech u. s. w.

315. Aepfeltorte.

Einige Aepfel werden geschält mit Wein, Zucker,
Weinbeeren und Rosinen aufgesetzt, dann weich und
ganz kurz eingekocht. Nachher wird ein Butterteig
nach der oben gegebenen Vorschrift bereitet, wie ein
kleiner Finger dick ausgewalzt, und auf der Seite ein
Daumen breiter Streifen herumgelegt; hierauf werden
die gedünsteten Aepfel 2c. auf den Teig gebracht und
gehörig auseinander gestrichen; vom noch übrigen
Teige bildet man ein Gitter über die Torte und backt
sie nach öfter erwähnter Art.

316. Bröseltorte.

Man bringt ein halbes Pfund gestoßenen Zucker, eben so viel gestoßene Mandeln und Butter und endlich drei Viertelpfund Mehl zusammen auf ein Brett, mischt Butter und Mehl gut ab, dann Zucker und Mandeln darunter. Wenn Alles gut untereinander gemischt worden, so macht man den Teig mit fein geschnittenen Citronenschalen, einem halben Loth Zimmet, eben so viel Gewürznelken, Citronensaft und einem Ei an, treibt diesen Teig aus, füllt ihn mit eingemachten Weichseln oder Johannisbeeren, macht ein Gitter darauf und verfährt weiter nach Vorschrift.

317. Wiener Torte.

Man wäscht und sondert ein halbes Pfund Rosinen und eben so viel Weinbeeren, bringt sie dann nebst dem erforderlichen Zucker in eine Casserolle, gießt ein Quart Wein daran, und läßt sie auf Kohlen nur so lange kochen, bis sie recht aufgequollen sind, stellt sie dann vom Feuer und läßt sie erkalten. Nachher bereitet man einen Teig in folgender Weise: Man rührt ein halbes Pfund Butter mit drei ganzen Eiern und zwei Eiergelben stark ab, giebt dann zwei Löffel voll gute Bierhefe, ein Pfund feines Mehl, ein wenig Salz und Zucker dazu und macht den Teig mit Milch vollends so an, daß er wie ein recht dicker Spatzenteig wird. Wenn er nachher so lange geklopft worden, bis er sich vom Löffel schält, läßt man ihn gehen, dann wirkt man ihn, walgt den Teig Messerrücken dick aus und legt ein mit Butter bestrichenes

Blech mit einem Rande damit aus. Wenn der Teig in diesem noch einmal gegangen, werden auf dessen Flächen die gekochten Rosinen und Weinbeeren verbreitet, nach Belieben zerschnittene Mandeln, Citronen- und Pomeranzenschalen, Zucker und Zimmet darauf umher gestreut, ein Teiggitter darauf gemacht und endlich wird die Torte gebacken.

318. Rahmtorte.

Man läßt eine halbe Maß süßen Rahm mit etwas Zucker sieden, rührt zehn Eierdotter darein und läßt das Ganze so lange auf dem Feuer unter fortwährendem Umrühren kochen, bis es sehr dick wird; auch fügt man dieser Masse auf Zucker abgeriebene Citronen- und Orangenschale bei, dann legt man ein Becken mit dünnem Butterteige aus, bringt das Gekochte hinein, bestreut es mit Zucker und Zimmet und läßt endlich die Torte im Ofen backen.

319. Tortletten.

Ein Viertelpfund Zucker wird ganz fein gestoßen und eben so viele Mandeln werden geschält und ganz klein mit dem Wiegemesser zerschnitten, dann setzt man in einer Pfanne den Zucker auf die Gluth, läßt ihn goldgelb werden, schüttet die Mandeln hinein, und läßt sie damit nur ein Paar Minuten aufkochen, schmieret hernach kleine tiefe Kaffeetassen oder andere hiezu passende Formen mit Mandelöl aus, giebt von dem Aufgekochten einen Löffel voll hinein und drückt es mit einem Löffel so gut als möglich auseinander, damit die Tortletten ganz dünn werden. Wenn sie endlich hart und ausgekühlt sind, nimmt man sie aus den Formen, füllt eingesottene Weichseln oder andere Früchte darein und sendet sie offen zur Tafel.

320. Biscuit.

Man rührt ein halbes Pfund gesiebten Zucker mit drei Eierbottern, bis die Masse ganz dick und steif wird, schlägt das Klare der Eier zu einem steifen Schnee, rührt diesen mit etwas sehr fein gestoßener Vanille darein, schlägt sechs Loth Stärkemehl durch ein Sieb, zieht dieses ganz leicht in die Masse, füllt sie in viereckige oder anders geformte, mit Butter bestrichene Papierkapseln und backt sie in gelind geheiztem Ofen.

321. Macronen.

Geschälte Mandeln, etwa ein Pfund, werden abgetrocknet, in Eierweiß umgewendet und zart gestoßen. Nachher werden noch drei Eierweiße verklopft und mit gesiebtem Zucker eine halbe Stunde lang gerührt, auch giebt man klein geschnittene Citronenschalen zu. Wenn alle Ingredienzen wohl durcheinander gerührt sind, bildet man aus der Masse runde oder längliche Plätzchen, setzt sie auf Oblaten, drückt sie in der Mitte ein wenig breit und läßt sie backen.

322. Haarnadeln.

Ein halbes Pfund fein gesiebter Zucker, sechs ganze Eier, drei Dotter und von diesen das Weiße, zu Schnee verwandelt, schlägt man in einem Topfe eine halbe Stunde lang mit einem reinen Schneebesen stark ab und rührt zuletzt noch acht Loth feines Mehl darein. Nachher bringt man einen Bogen Papier auf eine Platte, und läßt auf jenen den gerührten Teig aus einem Trichter, in Form von Haarnadeln, an beiden Enden etwa Daumen breit, in der Mitte ganz schmal, heraustraufen, doch so, daß die sogenannten Haarnadeln nicht zusammen laufen; zuletzt bestreut man sie mit Zucker, bläst den übrigen auf das Papier gefallenen Zucker wieder davon ab und läßt sie in der Röhre backen, worauf sie mit einem Messer vorsichtig vom Papier genommen und zierlich auf den Teller gerichtet werden.

323. Anisküchlein.

Man schlägt von zwei Eierklaren einen Schnee und rührt damit acht Loth fein gesiebten Zucker ab, giebt dann zwei Eßlöffel voll feinstes Mehl darunter, schneidet von Oblaten viereckige oder runde Blättchen, streicht von dem Gerührten einen Messerrücken dick darauf, bestreut sie mit etwas Anis und läßt sie backen.

324. Ulmer Brod.

Ungefähr acht große Eßlöffel voll feines Mehl macht man mit zwei Löffeln voll guter dicker Bierhefen, und einem Quarte Milch zu einem Teige an, den man so lange gehen läßt, bis er in der Mitte wieder einfällt, dann wird dieser Teig mit acht weitern Löffeln voll Mehl, einem Viertelpfunde geriebenem Zucker, geriebener Citronenschale, etwas Anis, drei Löffeln voll Rosenwasser, einem mit zerlassener Butter abgerührtem Ei, zwei Loth Pomeranzenschalen und eben so vielem Citronate, beides klein geschnitten, vermischt und hierauf das Ganze abermals zu einem festen Teige angerührt, welcher auf dem Nudelbrette so lange gewirkt wird, bis der Anis herausfällt. Nachher bildet man aus dem Teige ein länglich rundes Brod, bringt es auf ein mit Mehl bestreutes Blech, schneidet, wenn es zuvor noch einmal gegangen, in die Oberfläche der Länge nach einen Schnitt ein und läßt es in einem mäßig geheizten Ofen braungelb backen. Man kann dieses Brod des andern Tages in dünne Schnitten schneiden und solche auf dem Roste langsam schön gelb bähen, welche sogenannte und sehr beliebte „Ulmerschnitten" man lange Zeit aufbewahren kann.

325. Holippen.

Aus einem Viertelpfunde feinem Mehl, sechs Loth fein gestoßenem Zucker, welcher vorerst auf Citronenschale abgerieben worden, vier Eiergelben und vier Eßlöffeln voll süßem Rahm (man kann nach Belieben auch Zimmet, Mandeln oder Vanille fein gestoßen darunter mischen) bereitet man einen flüssigen Teig, den man, wenn er zu dick, noch durch etwas süßen Rahm verdünnt. Man bestreicht hierauf das Holippeneisen mit Schmalz, gießt einen Eßlöffel voll Teig darauf, drückt das Eisen fest zusammen und läßt in demselben den Teig über dem Feuer auf beiden Sei-

ten schön gelb backen. Sobald man die Holippen aus
dem Eisen bringt, biegt man sie, noch im weichen
Zustande, sogleich über ein rundes Holz, damit sie die
gewöhnliche Holippengestalt annehmen.

326. Spanische Winde.

Von acht Eiern schlägt man das Weiße zu einem
steifen Schnee, mischt ein Viertelpfund gestoßenen
Zucker darunter, ferner abgeriebene Citronenschale, et=
was Citronensaft und ein Viertelpfund abgeschälte
und klein zerschnittene Mandeln. Von dieser Masse
nun bringt man auf Oblaten kleine Häufchen von der
Größe einer Wallnuß und läßt sie in einem abgekühl=
ten Ofen mehr trocknen als backen; dann bricht man
die hervorstehenden Oblaten ab und bewahrt dieses
Confekt an trocknem Orte.

327. Nonnen=Kräpfchen.

Man bereitet von acht Loth Mehl, vier Loth
Zucker und zwei Eierklaren einen festen Teig wie etwa
zu Nudeln und walkt ihn auch ganz dünn aus; den
Tag zuvor aber läutert man ein Quart Honig, kocht
ihn, bis er dick ist, giebt vier Hände voll geriebenen
Lebkuchen, der kleine Mandeln enthält, ein halb Loth
Zimmet, eben so viel Gewürznelken, klein geschnittene
Citronenschalen und etwas Citronensaft dazu, rührt
dieses Alles zusammen gut ab, und läßt es über Nacht
zugedeckt stehen. Nachher schneidet man aus dem
Teige lange, handbreite Streifen, legt von der Masse
kleine runde Kugeln auf die Hälfte des abgeschnitte=

nen Teiges, schlägt die andere Hälfte darüber her, schneidet die nun sich ziemlich rund formenden Knöpflein mit einem Backrädchen am Rande zu, bringt sie auf ein mit Mehl bestäubtes Blech und läßt sie in einem nur ganz gelinde geheizten Ofen so backen, daß sie weiß bleiben.

328. Hobelspäne.

Auf sechs Loth Zucker nimmt man von einem Eierklar den Schnee und rührt dieses zu einem Eise; ferner fügt man zwei Loth Mehl und fein geschnittene Citronenschale bei, streicht von dieser Masse Messerrückendick zwischen zwei fingerbreite Oblatenstreifen, läßt die Streifen auf einer Platte in der Röhre abtrocknen und biegt sie noch warm über eine Walze, daß sie rund werden.

329. Geröstete Mandeln.

Man wählt insbesondere große und schöne Mandeln — etwa acht Loth, — bringt sie mit 6 Loth gestoßenem Zucker und zwei Loth Zimmet in eine messingne Pfanne, und rührt Alles auf der Gluth so lange ab, bis der Zucker verkocht ist; dann schüttet man Alles auf einen Teller, bricht die Mandeln sorgfältig und einzeln auseinander und bewahrt sie bis zum Gebrauche an einem trocknen Orte.

330. Mandelbögen.

Ein Viertelpfund abgezogene und fein geschnittene Mandeln, Citronenschale, das zu Schnee geschlagene

Weiße von vier Eiern, drei Loth Zucker und etwas
Zimmet werden gut durch einander gemengt; dann
bringt man von dieser Masse mit einem Löffel dünne
Plätze, so groß als die Mandelbögen werden sollen,
auf ein heißgemachtes und mit Wachs bestrichenes
Blech, stellt dieses dann in den Ofen und läßt die
Bogen gelb backen; endlich nimmt man einen um den
andern herunter und drückt sie noch warm über ein
Walzholz, damit sie die Bogenform erhalten.

331. Caffeebrod.

Aus einem halben Pfunde Mehl, vier Loth Zucker, einem Ei, zwei Löffel voll Hefen und lauer Milch
bereitet man einen festen Teig, welchem zerlassene Butter, klein geschnittene Citronenschalen und etwas Anis
beigefügt werden. Wenn der Teig tüchtig geklopft
worden, läßt man ihn gehen, dann wirft man aus
demselben zwei längliche Laibchen und legt sie auf ein
mit Butter bestrichenes und mit Mehl bestreutes Blech,
aber nicht zu nahe aneinander. Wenn die Brode auf
dem Bleche noch einmal gegangen sind, läßt man sie
im Ofen schön gelb backen und im erkalteten Zustande
kann man endlich aus den Broden Schnitten schneiden und dieselben auf dem Roste bähen.

332. Tyroler=Brod.

Ein Pfund abgezogene und länglich geschnittene
Mandeln, klein geschnittene Citron= und Pomeranzen=
schalen, ein Pfund Weinbeeren und von Kernen be=
freite Rosinen, dann ein halbes Pfund klein geschnit=

tene Feigen werden wohl vermischt, mit einem Glas Rosoglio befeuchtet, und noch mit etwas gestoßenen Gewürznelken und Zimmet vermehrt. In diesem Zustande läßt man das Ganze über Nacht stehen, schlägt dann vier Eierklare daran, mischt es gut ab, und giebt es, gut eingedrückt, in eine mit Butter bestrichene Casserolle, bäckt es und nimmt es, nachdem es eine Stunde lang gebacken, aus der Casserolle, läßt es gut abkühlen, und giebt es, zu feinen Schnitten geschnitten, als Confekt zur Tafel.

XVIII.
Verschiedene Cremes.

333. Citronen- oder Orangen-Creme.

Zehn Eierdotter, ein Paar Eßlöffel voll feines Mehl und eine Maß süßer Rahm werden in einem Topfe gut abgequirlt und durch ein Sieb geseiht; nachher reibt man ein Viertelpfund Zucker auf drei Citronen oder Orangen, je nachdem man den Geruch wünscht, ab, giebt den Zucker dazu, und rührt Alles auf der Gluth in einer Casserolle fortwährend, bis es anfängt dicklicht zu werden, dann läßt man die Creme durch ein Sieb passiren, bringt sie auf die Schüssel, stellt sie noch ein wenig auf heißes Wasser,*) wo sie fester wird, läßt sie auskühlen und servirt das Ganze kalt.

---

*) Alle Cremes müssen, wenn sie erst so weit fertig sind, zugedeckt werden, weil sie sonst eine Haut bekommen.

334. Caffeecreme.

Ein Viertelpfund hellgelb gebrannter Caffee wird noch warm, nicht zu fein im Mörser zerstoßen, dann gießt man eine halbe Maß gekochte Milch mit einem Stückchen Zucker und Vanille über den Caffee, läßt ihn zugedeckt, bis er erkaltet ist, stehen und preßt die Milch nachher durch eine Serviette. Hierauf zerklopft man zwölf Eierdotter wohl, rührt sie mit der Milch ab, giebt sie durch ein Sieb in die Casserolle und läßt es unter beständigem Rühren, ohne daß es jedoch kocht, zu einer dicken Creme werden, welche ebenfalls kalt servirt wird.

335. Chocoladecreme.

Auf eine Maß süßen Rahm rechnet man vier Täfelchen Chocolade, welche fein gerieben werden, dann kocht man die Chocolade mit der Hälfte des Rahms auf, nimmt zur andern Hälfte Rahm sechzehn Eierdotter und etwas Zucker, vermischt dieses mit der abgequirlten Chocolade, und rührt es so lange in einer Casserolle auf der Gluth, bis es anfängt dick zu werden. Nachher giebt man die Creme durch ein Sieb auf die Schüssel, stellt sie noch ein wenig auf siedendes Wasser, bis sie zusammengegangen und servirt sie dann, nach Belieben, kalt oder warm.

336. Mandelcreme.

Eine Maß Milch muß mit einem Mandel- oder Pfirsichbaum-Blatte, dann einem Stücke ganzen Zimmet und etwas Zucker eine halbe Viertelstunde lang kochen, dann werden Citronenschalen auf Zucker ab= und ein Viertelpfund abgezogene Mandeln auf dem Reibeisen zusammen gerieben, ferner werden acht Eier mit den Mandeln und dem abgeriebenen Zucker eine Viertelstunde lang gerührt, die heiße Milch wird, un= ter fortwährendem Rühren, nach und nach daran ge= gossen, die Creme endlich auf die Schüssel und, wie gewöhnlich, so lange auf siedendes Wasser gebracht, bis sie gesteht.

337. Weincreme.

Zwanzig Eierdotter werden in einem Topfe mit einem Eßlöffel voll feinem Stärkemehl gut abgerührt, dann giebt man eine Maß Wein und gestoßenen Zu= cker, welcher ehevor auf Citronen abgerieben wurde, zu, und schlägt Alles eine Viertelstunde lang mit ei= nem Schneebesen ab; dann stellt man den Topf auf Kohlengluth und fährt fort, mit dem Schneebesen so lange zu schlagen, bis sich eine dicke Creme gestaltet, welche hernach in der Schüssel ganz hoch aufgerichtet, mit klein zerhackten Pistazien bestreut und kalt servirt wird.

338. Russische Creme.

Man zerklopft zwanzig Eierdotter mit einem Viertelpfunde zerstoßenem Zucker und einer Bouteille Champagner in einem hohen, glassirten Topfe, setzt denselben auf Kohlenfeuer und sprubelt das Ganze so lange, bis es dick und ganz Schaum ist, dann hebt man solchen Schaum in bereit gehaltene Becher und servirt diese Champagner- oder sogenannte russische Creme warm.

339. Vanille-Creme.

Man kocht ein etwa fingerlanges Stück Vanille, das man ehevor stark geklopft hat, mit einer halben Maß Rahm und einem Stücke Zucker ein wenig, und preßt nachher den Rahm durch eine Serviette. Inzwischen zerklopft man 15 Eierdotter mit einem Quart kaltem Rahm, rührt den durchgepreßten dazu, passirt das Ganze durch ein Sieb in eine Casserolle und rührt es über Kohlengluth, jedoch ohne es kochen zu lassen, zu einer dicken Creme, rührt diese ferner noch, bis sie kalt geworden, giebt sie auf eine Platte und läßt sie an einem kühlen Orte zusammen gehen.

340. Karmel-Creme.

Auf eine Maß süßen Rahm nimmt man sechs Loth Zucker, läßt diesen, wenn er gestoßen, über Kohlengluth schmelzen, schüttet dann die Hälfte des Rahms darauf und läßt es zusammen aufkochen; zur andern Hälfte Rahm giebt man zwölf abgetrocknete und fein gestoßene Hühnermagenhäutchen, läßt sie zusammen eine Viertelstunde auf dem Feuer unter fortwährendem Rühren kochen, bringt dann die Creme in eine tiefe Casserolle, stellt sie noch ein wenig in siedendes Wasser und läßt sie abkühlen, bis sie sich herausstürzen läßt; wenn dieses geschehen, läßt man abermals gestoßenen Zucker auf der Gluth stark goldgelb werden, und ein bischen abkühlen, bis er sich spinnt, dann wird die ganze Creme damit übersponnen und sogleich servirt.

341. Schneeballen.

Man schlägt von zehn Eierweißen einen steifen Schnee, läßt dann in einer Casserolle Milch mit einem Stückchen Vanille und Zucker kochen, nimmt ersteres, wenn es eine Zeitlang gekocht, heraus und legt dagegen mit einem Löffel von dem Schnee runde Ballen hinein, wendet sie, nachdem sie einmal aufgekocht haben, um, läßt sie nur noch ein wenig kochen und legt sie mit einem Schaumlöffel dann auf eine Platte. Inzwischen zerklopft man auch die Dotter von erwähnten Eiern, rührt sie mit der übrigen Milch ab, setzt sie wieder ans Feuer, läßt sie unter fortwährendem Rühren dick werden, jedoch nicht kochen und giebt dann die Sauce durch ein Sieb über die Schneeballen.

XIX.
Saure und süße Sulzen (Gelées oder Gallerten) und Aspics.

A. Saure Sulzen und Aspics.

342. Gesulzter Schweinskopf.

In Essig, Wein und Wasser zu gleichen Theilen wird der Schweinskopf — sei es nun ein wilder oder gewöhnlicher — zugesetzt, dann giebt man Lorbeerblätter, mit Nelken besteckte Zwiebeln, auch Chalotten und Citronenschalen darein, läßt darin den Kopf weich sieden und bindet ihn, wenn es kein Wildkopf ist, in eine Serviette, damit er weiß bleibt. Da der Kopf selbst schon eine sulzige Masse siedet, so darf hiezu nicht so viel Kälberfüßstand genommen werden, welchen man übrigens auf folgende Art bereitet: Man nimmt auf sechs Kälberfüße zwei Maß Wasser in einen neuen Topf, setzt es an's Feuer, schäumt es ab, und läßt es gute zwei Stunden sieden, bis alle Beine davon fallen; die Füße aber kann man vorher auch zerhacken. Man seihet nachher die noch übrige Suppe davon ab, läßt sie noch in einem Tiegel bis auf eine Viertelmaß einsieden und hernach auskühlen. Es muß ganz fest werden, und läßt sich dann acht Tage, im Winter auch noch länger, aufbewahren. Man nimmt nun diesen Stand von Kalbsfüßen, eine Maß von dem Sude, worin der Kopf gesotten worden, eine halbe Maß Wein, eben so viel Weinessig, Gewürznelken und Pfeffer, bringt dieses in einen Tiegel, von vier Eiern das Weiße dazu, und läßt es unter beständigem Umrühren aufkochen. Das Eierklar, welches zu Schaum geht, schäumt man davon ab, dann wird ein Tuch auf einem umgekehrten Stuhl an die vier Füße mit den Zipfeln angebunden und die Sulze aufgegossen. Wenn die Sulze ganz durchgelaufen und hell ist, giebt man ein wenig davon auf die Schüssel, stellt den Kopf darein und läßt die übrige ganz fest werden; dann zerklopft man diese mit einem Messer in kleine Stücke, belegt den Kopf rings herum damit, ziert den Rand der Schüssel mit Lorbeerblättern und servirt sofort das Ganze. — Dieselbe Sulze kann man auch bei Spanferkel, Indianen, Gänsen, Hühnern ꝛc. anwenden.

343. Gesulzte Fische.

Die Fische werden blau abgesotten, dann giebt man wieder kalten Essig darauf, bis sie klar sind, spickt sie dann in zwei Reihen, die eine grün und die andere roth mit Krebsschweifen, legt jeden Fisch in die Runde mit dem Rücken auf den Boden eines Modells, und giebt eine Sulze darüber, welche auf folgende Art zugerichtet wird: Man nimmt auf zwei Maß Sulze zwei Loth Hausenblase, löset sie, nachdem sie geklopft und fein geschnitten ist, in einem kleinen Tiegel mit Wasser auf, welches aber nicht sieden, sondern nur auf einer schwachen Kohlengluth stehen darf, bis die Hausenblase ganz aufgelöst ist, dann nimmt man Essig, Wein, Erbsensud, zu gleichen Theilen, ferner Zwiebeln und Gewürz, läutert dieses mit Eierklar, und statt des Kälberfußstandes, mit der aufgelösten Hausenblase, und giebt es über die Fische.

344. Aspic. *)

Sechs zerhauene Kälberfüße, ein Stück Kalbfleisch, eine alte Henne, ein Stück roher Schinken,

---

*) Der Aspic ist nichts anderes, als auch eine Art Sulze, nur mit dem Unterschiede, daß dabei der Essig ganz wegbleibt, denn es darf der Aspic nicht eigentlich sauer

eine halbe Citrone, ein Lorbeerblatt, einige Pfeffer=
körner, Gewürznelken und eine Zwiebel werden mit
anderthalb Maß Wein, drei Maß Wasser und zwei
großen Löffeln voll guter Jus langsam weich gekocht,
dann giebt man den Aspic durch ein Sieb, läßt ihn
gestehen, nimmt die Fette davon, bringt ihn wieder
zum Feuer, läutert ihn mit zerklopftem Eierweiß und
filtrirt ihn, gießt dann davon, wenn er hell abgelaufen ist, ein wenig in eine glatte Form, belegt ihn,
wenn er fest geworden, mit kleinen Scheiben geräu=
cherter Zunge, Oliven, Krebsschweifen, dann abge=
kochten und klein geschnittenen Schweinsfüßen, gießt
auf dieses so viel Aspic, daß es davon bedeckt wird,
und läßt es gestehen, giebt dann von den erwähnten
Ingredienzen wieder eine Lage darauf, und fährt so
fort, bis die Form voll ist, stellt dann das Ganze an
einen kühlen Ort und stürzt die Gesammtmasse, wenn
sie ganz fest geworden, auf eine Platte.

345. Aspic mit Schinken.

Er wird ganz und gar so gekocht, geläutert und
filtrirt wie bei Nro. 344 vorgeschrieben wurde, dann
gießt man davon ein wenig in die Form und läßt es
gestehen, ziert solches alsdann mit Scheiben hartge=
sottener Eier und ausgelösten Krebsschweifen, legt da=
zwischen und darauf fein geschnittenen Schinken, gießt
so viel Aspic darüber, bis jener bedeckt ist, läßt den

---

werden, sondern es muß vielmehr der Weingeschmack vor=
herrschen und sich viele Kraft vom Fleische offenbaren.

Aspic dann gestehen und wiederholt die Procedur so
oft, bis die Form voll ist, worauf man weiter nach
Vorschrift (s. Nro. 344) verfährt. — Ebenso kann
man auch sehr wohlschmeckenden Aspic mit Salami
u. dgl. bereiten.

B. Süße Sulzen.

346. Weichselsulze.

Man stößt eine Maß Weichseln im Mörser, setzt
sie mit Saft und Kern in einer Maß Wasser auf,
giebt zur Versüßung hinreichenden Zucker, auch Zim=
met und Citronenschalen dazu, mischt Hirschhorn=
sulze *) daran, kocht Alles mit Eierweiß auf, bis es
ganz klar wird, und läßt es dann in eine tiefe Assiette
träufeln. Die Sulze wird, wenn sie fest und erkaltet,
servirt, oder aber auch zu Tortenverzierungen u. dgl.
verwendet.

347. Aepfelsulze.

Zwölf schöne Aepfel läßt man in einer neuen
Raine mit einer halben Maß Wasser sieden, bis die

---

*) Ein halbes Pfund geraspeltes, und sehr sorgfältig rein
gewaschenes Hirschhorn wird mit einer Maß Wasser zur
Hälfte eingekocht, dann das Klare davon abgeseiht, und
wenn dieses noch mehr eingekocht hat, zur Versulzung
verwendet. — Uebrigens kann man den Sulzen alle
beliebige Farben verleihen, z. B. grün von Kerbelkraut,
blau von Veilchen, gelb von abgeriebenen Citronen, roth
von Weichseln u. dgl. m.

Aepfel ganz weich sind, dann seiht man das Wasser durch ein Tuch, und drückt den Saft der Aepfel aus, ohne das Mark dazu zu nehmen. Nachher nimmt man eben so schwer Zuckerkand, als der Aepfelsaft wiegt, giebt Beides zusammen in den Tiegel, schäumt es und läßt es auskühlen und sulzen, servirt oder bewahrt es auf. Diese Sulze ist insbesondere auch für Kranke zum Anfeuchten zu verwenden.

348. Citronensulze.

Man nimmt drei Loth aufgelöste Hausenblasen, dann eine Maß Wein, eine halbe Maß Wasser, ein halbes Pfund an Citronen abgeriebenen Zucker nebst deren Saft, einige Gewürznelken, etwas Zimmet und vier Eierweiße zusammen in eine Casserolle, rührt das Ganze beständig auf der Gluth, und wenn es anfängt zu sieden, schäumt man es ab, spannt ein reines Tuch über einen umgekehrten Stuhl, läßt es mehreremale durchlaufen, bis es recht hell wird, giebt es dann auf eine Assiette und läßt es sulzen.

349. Quittensulze.

Nachdem man die Kerne herausgehoben, setzt man die geschälten und zerschnittenen Quitten in anderthalb Maß frischem Wasser und einer halben Maß Wein mit einem halben Pfund Zucker in einem Tiegel auf, legt die Schalen und Kerne auf den Boden und die Quitten darauf, läßt dieses mit Citronenschalen ganz weich kochen und legt die Quitten dann auf einen Teller; das Uebrige seiht man durch ein Tuch, läßt es noch kurz einkochen und wenn es abgekühlt und zu sulzen beginnt, giebt man es über die Quitten. Man kann auch von Stachel=, Johannis=, Himbeeren und andern Früchten ähnliche Sulzen bereiten.

350. **Schwibs oder gesulzter Chaubeau.**

Ein Quart weißer Wein, etwas aufgelöste Hausenblase, ein Viertelpfund auf Citronen und Orangen abgeriebener Zucker nebst Citronensaft werden nebst sechs Eierdottern und einer halben Tasse voll Arak auf Kohlengluth zu einem dicken Chaubeau gequirlt, und wenn durch denselben schnell der Schnee von den sechs Eierweißen gezogen wurde, setzt man den Chaubeau schnell aufs Eis oder in kaltes Wasser und rührt ihn so lange, bis er abgekühlt, dann bringt man die Masse in eine Form und wenn sie gehörig steif geworden, stürzt man die fertige Sulze oder den sogenannten Schwibs auf eine Platte und servirt.

XX.

Früchte einzusieden und einzumachen.

351. Johannis= oder Weinbeeren einzusieden.

Auf drei Pfund von den Stängeln abgenommene Johannisbeeren gehören zwei Pfund Zucker. Diesen stößt man, giebt ihn mit Wasser und Wein vermischt in eine messingene Pfanne, läutert ihn, schäumt ihn ab, und wenn er rein ist, bringt man die Johannisbeeren dazu, läßt sie auf starker Gluth gut aufsieden und schäumt sie fortwährend ab. Nach einer Stunde stellt man sie vom Feuer ab, und läßt sie etwas abkühlen, damit das Glas oder Geschirr, in welches man die eingesottenen Beeren bringen will, nicht zerspringt; jedoch ganz und gar darf man das Eingesottene in der Pfanne auch nicht abkühlen lassen, weil es sonst einen bittern Geschmack bekömmt. Wenn endlich das Eingesottene im Geschirre ganz abgekühlt hat, dann wird die Oeffnung des letztern mit Papier, welches mit einer Nadel vielmal durchstochen ist, zugebunden. Uebrigens wird das Geschirr mit dem Eingesottenen an einem trockenen aber luftigen Orte aufbewahrt. Wenn es zu gähren anfangen sollte, muß es abermals aufgesotten und auf die schon angegebene Art wieder ins Geschirr gebracht werden.

Ganz auf ähnliche Art werden auch **Kirschen, Weichseln, Maulbeeren** und **Weintrauben** eingesotten; aus den **Kirschen** und **Weichseln** werden aber vorerst die Steine und aus den **Weintrauben** die Kerne ausgenommen.

352. Zwetschen und andere gleichartige Früchte einzumachen.

Man nimmt die Früchte halb reif ab und läßt sie ein Paar Minuten lang in halb Wasser und halb Weinessig aufsieden, damit sie schön grün werden, dann legt man sie in frisches Wasser. Inzwischen nimmt man gerade so vielen Zucker, als die Frucht im trockenen Zustande gewogen hat, kocht den Zucker wie gewöhnlich mit Wasser, bis er schön geschäumt hat und vom Boden auf Perlen wirft. Hierauf bringt man die Zwetschen nebst etlichen Citronenschalen und einem Stücke Zimmet zu dem Zucker, und läßt die Früchte mit demselben so lange sieden, bis sie aufspringen, dann bringt man die Zwetschen in ein Glas, kocht den Saft noch dicker ein, läßt ihn sodann etwas abkühlen, gießt ihn auf die Früchte und verwahrt und schließt das Ganze wie bereits in der vorhergehenden Nro. angegeben wurde. Wenn das Schäumen und Gähren vorüber ist, beschwert man die Früchte mit irgend einem Gewichte, daß die Sauce immer darüber geht, auf welche Art sie Jahre lang erhalten werden können.

353. Quitten einzumachen.

Etwa zwei Pfund schöne und recht zeitige Quitten werden geschält und geviertelt; dann schneidet man die Kerne und das Steinige aus und läßt die Quitten mit einem Quart Wasser, einem Quart Weinessig und anderthalb Pfund Zucker sieden, ehevor aber muß jeder Quittenschnitz mit Zimmet und gespaltenen Gewürznelken besteckt werden. Wenn die Quitten ganz weich sind, nimmt man sie heraus, und bringt sie in ein Glas, läßt aber die Sauce noch dicker einsieden. Uebrigens verfährt man, wie oben angegeben. Auf ähnliche Art kann man auch Melonenschnitze einmachen.

354. Hagebutten einzumachen.

Man bringt ganz reife Hagebutten zwischen zwei zinnerne Teller auf einen Topf, in welchem sich siedendes Wasser befindet und läßt sie so ganz weich werden, dann drückt man sie mit einem Löffel durch ein Sieb, damit die Kerne und Häute zurückbleiben. Hat man auf diese Art etwa drei Pfund Mark gewonnen, so nimmt man ein Pfund Zucker, stößt diesen im Wasser, und läutert ihn rein, giebt sodann das Mark hinein, läßt es 20 Minuten auf starker Kohlengluth damit aufkochen, sodann ein wenig abkühlen, füllt es in ein Geschirr und bewahrt es wie andere Früchte. Will man solche eingemachte Hagebutten zum Braten serviren, muß man sie ehevor noch mit Zucker und in Wein aufkochen; zum Wildbraten schmecken sie trefflich.

XXI.
Verschiedene kalte und warme Getränke.

355. Punsch.

Auf eine Maß Wasser nimmt man ein halbes Loth feinen grünen Thee (Theebou), läßt ihn sieden und deckt das Geschirr sorgfältig zu. Man reibt dann ein Viertelpfund Zucker auf sechs Citronen ab, drückt den Saft auf den Zucker, seihet ihn sammt dem Thee durch ein Tuch, giebt guten Arak nach Belieben dazu und trinkt den Punsch warm. Das Abreiben des Zuckers auf den Citronen kann auch unterbleiben, weil es nach der Meinung Einiger Kopfwehe verursachen soll.

356. Punsch-Royal.

Die Schale von 6 Orangen und 2 Citronen reibt man auf 2 Pfund Zucker ab, stößt denselben fein,

schüttet ihn in eine Terrine und preßt den Saft der
abgeriebenen Orangen und Citronen darauf. Dann
gießt man 1½ Bouteille Champagner und eine halbe
Bouteille Arrak daran, giebt diesen Punsch durch ein
Sieb und servirt ihn sogleich.

Noch wohlschmeckender läßt er sich durch Aepfel=
sinen, Ananas und den Zusatz von einigen Gläsern
Lünel, Madeira ꝛc. machen.

357. Eier=Punsch.

Eine Terrine voll fertigen heißen Punsch gießt
man zu 8—12 Eiern, welche zuvor in Wein, etwa
einer Viertelflasche, zerquirlt sind, setzt diese Mischung
noch einige Minuten aufs Feuer und quirlt oder schlägt
es ganz zu Schaum, worauf dieser Punsch in Gläsern
zur Tafel kommt. Während des Schlagens kann man
auch noch so viel Arrak zugeben, daß der Punsch da=
von einen angenehmen Vorgeschmack erhält.

358. Nicus.

Man gebe zu einem halben Pfund Zucker etwas
Zimmet, Gewürznelken, Muskatnuß und Citronschale,
1 Flasche Rothwein und lasse dies auf dem Feuer bis
zum Kochen kommen, worauf man es unverweilt vom
Feuer nimmt, durch ein Sieb giebt und sogleich servirt.

359. Glühwein.

1 Flasche Weißwein wird mit einem halben Pfund
Zucker, auf welchem das Gelbe einer Citrone abgerie=
ben wurde, nebst dem Safte derselben, etwas Zimmet

und 6—10 Eierdottern auf das Feuer gesetzt und so lange gequirlt, bis ein dicker Schaum entsteht, welchen man in Tassen oder Gläser auffüllt und schnell servirt; oder man giebt Alles, sobald es heiß ist, durch ein Sieb in eine Terrine und trägt es so auf.

360. Cardinal.

1 Pfund Zucker, worauf 2 Citronen und 2 Orangen abgerieben wurden, lege man in eine Terrine, tropfe den Saft der Citronen und Orangen darauf und schütte 1 Flasche Weißwein dazu. Dieß lasse man einen Tag stehen, damit es gut anzieht und gieße dann vor dem Anrichten noch eine Flasche Wein dazu. Will man ihn aber sogleich fertig haben, so lasse man genannte Ingredienzen auf dem Feuer warm werden, schütte solche dann durch ein Haarsieb und servire das Getränke warm oder kalt. Die Zubereitung des Cardinals von blos Apfelsinen oder Pomeranzen ist dieselbe, nur daß man statt der Citronen diese nimmt.

Soll er noch lieblicher schmecken, so nehme man theilweise Champagner statt des Weines, auch etwas Vanille oder Zimmet.

361. Bischof.

Zu 2 Flaschen Rothwein kommen 4 bittere Orangen, welche erst ganz leicht auf 1 Pfund Zucker abgerieben werden; nachher kerbt man sie auf allen Seiten mit einem Messer ein und röstet sie so lange, bis sie gelbbraun zu werden anfangen. Nun kommen sie nebst dem Weine und Zucker in eine Terrine und so läßt man das Ganze bis zum andern Tag zugedeckt stehen, worauf die Orangen rein ausgedrückt werden und der Bischof durch ein feines Sieb gegeben und auf Flaschen gezogen wird. Mit Zusatz von Gewürznelken, Zimmet, Muskatnuß, Vanille und Citronenschalen kann man den Geschmack auch dieses Getränkes um vieles pikanter machen.

362. Vin brûlé.

2 Loth gestoßenen Zucker, 1 Loth Zimmet in Stückchen zerbrochen, einige ganze Gewürznelken und etwas Muskatenblüthe legt man in eine Casserolle und röstet dieses so lange auf dem Feuer, bis der Zucker bräunlich wird; alsdann giebt man 1 Maß Rothwein darauf, legt noch Zucker hinein und läßt solches recht heiß werden, worauf man es durchseiht und sogleich in Tassen aufträgt.

363. Mandelmilch.

Vier Loth süße Mandeln werden geschwellt und geschält; dann stößt man sie äußerst fein im Mörser und spritzt etliche Tropfen frisches Wasser darauf, daß sie nicht ölig werden. Schließlich gießt man eine Maß frisches Wasser auf die Mandeln und seiht es nach mehrmaligem Abrühren durch ein reines und feines Leinentuch. Zucker kann man nach Belieben unter das Getränk mischen, doch pflegt man gewöhnlich nur wenigen zu nehmen.

364. Kalte und warme Limonade und Orangeade.

Man nimmt zwei Citronen und vier Loth Zucker; von einer Citrone wird die Schale auf dem Zucker abgerieben, von beiden aber der Saft ausgedrückt; die Kerne werden entfernt. Wenn sich der Zucker mit dem Safte gänzlich aufgelöst hat, so giebt man eine Maß **frisches** oder **siedendes** Wasser dazu, und seiht es durch ein Tuch. Auch hier kann das Abreiben der Citronen gänzlich unterbleiben und zwar insbesondere, wenn das Getränke für Kranke bestimmt ist. Ferner kann man auch von Orangen (Pomeranzen) auf dieselbe Art ein der Limonade sehr ähnliches Getränk zubereiten, welches Orangeade genannt wird und sehr lieblich schmeckt.

365. Kaiserthee. *)

Ein Eierdotter wird mit einem Eßlöffel voll fein gestoßenem Candiszucker in einer großen obern Theetasse abgerührt, dann werden zwei Theelöffelchen voll reines und süßes Mandelöl so lange dazu gerührt, bis es schäumt, auch mengt man noch eine Tasse abgeseihten Eibischthee darunter und präsentirt das Getränk ganz heiß.

366. Wein-Chaudeau.

Es werden zwölf Eierdotter so lange gerührt, bis sie ganz schaumig werden. Inzwischen läßt man

---

*) Der Genuß desselben ist insbesondere bei hartnäckigem Katharrhe sehr zu empfehlen.

eine Maß Wein mit ganzem Zimmet, Citronenschalen und Zucker auf starkem Kohlenfeuer siedend werden, vermischt dann die Eier mit dem Weine, und quirlt das Ganze zu einem siedheißen Schaume, mit welchem aber zum Serviren nur die obern Tassen etwas über die Hälfte gefüllt werden.

367. Grog.

Man gieße 1 Flasche Rum in 2 Maß kochendes Wasser, in welchem zuvor 2 Pfund Zucker aufgelöst sind, so ist der Grog fertig.

Eine feinere Art wird folgendermaßen zubereitet:

Stoße 1 Muskatnuß mit 1½ Pfund Zucker fein, nimm dazu 1 Flasche Rum, 1 Flasche Weißwein und 2 Flaschen Champagner und mische Alles in einer Terrine unter einander. Mit Wasser kann man dieses vorzügliche Getränk schwächer machen.

368. Wein-, Milch- und Wasser-Chocolade.

Es wird eine etwas mit Wasser vermischte halbe Maß Wein mit ein bischen Zucker und ein wenig Vanille über Kohlengluth siedend gemacht, dann werden (zu 5 Tassen) vier Loth fein aufgeriebene Chocolade in den Wein gegeben und Alles noch eine ganz kurze Weile unter beständigem Umrühren siedend erhalten. Inzwischen hat man zwei ganz reine Eierdotter mit ein Paar Tropfen Wasser in einem Steinhafen zu Schaum geschlagen, an welche man nun die Chocolade gießt und so lange mit ununterbrochenem Quirlen fortfährt, bis sie zu lauter Schaum geworden, jedoch darf die Chocolade dabei nicht kochen, sondern muß nur auf Kohlen heiß erhalten werden. So wie ein Becher mit Chocolade gefüllt wurde, hält man eine glühende Schaufel darüber, damit der Schaum hart wird und stehen bleibt.

Statt des Weines kann man dieselbe Quantität Milch zur Chocolade nehmen, das übrige Verfahren bleibt das nämliche.

Wird die Chocolade in Wasser gekocht, dann rechnet man auf eine Tasse zwei Loth und die Eierdotter bleiben ganz weg.

369. Wein-Kaltschale.

Altgebackenes Hausbrod wird klein gewürfelt in eine Schüssel geschnitten, dann vermischt man dasselbe mit klein geschnittenen Citronenschalen, einem halben Pfund großer und kleiner Weinbeeren, etwas gestoßenen Gewürznelken, Zimmet und Zucker. An dieses Alles gießt man eine beliebige Quantität rothen oder weißen Wein, läßt es zugedeckt eine Weile stehen und giebt es dann zur Tafel. Auf ähnliche Weise wird die Bier-Kaltschale bereitet.

370. Krambamboli.

Zwölf frische Eierdotter werden mit anderthalb Pfund Zucker eine halbe Stunde lang gerührt, und während des Rührens giebt man anderthalb Maß schwachen grünen Thee dazu, dann bringt man Alles in eine erwärmte Punschterrine und gießt eine halbe Bouteille ächtes Kirschenwasser oder guten Zwetschenbranntwein bei. Der Krambamboli wird siedendheiß in Tassen servirt und ist beim Schnupfen ein sehr ersprießliches Getränk.

371. Gerstenschleim.

Ein Viertelpfund gerollte Gerste läßt man in einer Maß Wasser mit einem Stückchen Butter und Peterſilienwurzeln aufkochen. Wenn das Wasser ganz eingekocht, gießt man Fleischsuppe auf, läßt es noch einmal aufkochen und schlägt es durch ein Sieb. Den Schleim kann man dicker oder dünner machen, je nachdem es beliebt; auch kann man Citronensaft an den Schleim träufeln und dann denselben noch einmal aufkochen lassen.

372. Reisschleim.

Ein Viertelpfund Reis wird gewaschen und gebrüht, dann giebt man Fleischsuppe mit ein bischen Muskatblüthe darauf, läßt den Reis tüchtig verkochen und gießt stets wieder Suppe nach. Schließlich wird der Schleim durch ein Sieb passirt, auch kann man, wenn es beliebt, ein Paar Eierdotter dazu schlagen.

373. Haferschleim.

Man nimmt ein Viertelpfund gerollten Hafer, sortirt und wäscht ihn sorgfältig, bringt ihn mit einer Maß Fleischsuppe ans Feuer und läßt den Hafer ganz aufgehen. Dann giebt man nach und nach noch eine Maß Fleischsuppe zu und seiht den Schleim rein ab. Ob man Citronensaft beimischen will oder nicht, bleibt der Willkühr überlassen.

XXII. Essige verschiedener Art zu bereiten.

374. Kräuter-Essig.

Eine Handvoll Kerbelkraut, dann in gleichem Maße Sellerie- und Petersilienkraut, ferner Bertram, Pimpernell und ein Stengel spanischer Pfeffer werden zusammen zerstoßen und darauf drei Maß guter Weinessig gegossen; ferner werden zwölf weiße Zwiebeln und sechs Stück Knoblauch gestoßen, der Saft ausgepreßt und ebenfalls in den Essig gegeben; dann muß er 14 Tage in der Sonne stehen und gut destilliren; endlich wird der Essig von den Kräutern abgeseiht, einmal aufgekocht, dann abgekühlt und in Bouteillen gefüllt.

375. Himbeer- oder Maulbeeressig.

Zuerst bringt man Himbeeren oder Maulbeeren in erforderlicher Menge in eine große gläserne Bouteille, füllt dieselbe dann mit gutem Weinessig und setzt die Flasche, je länger desto besser, den Strahlen der Sonne aus. Nachher seihet man den Essig von den Beeren ab, siebet ihn einmal auf, läßt ihn abkühlen und gießt ihn wieder zu den Beeren. Man nimmt nun nach Bedarf aus der Flasche und der Essig hält sich bis zuletzt ganz vortrefflich.

376. Bertram-Essig.

Um diesen zu bereiten, nimmt man eine Handvoll Bertramblätter, bringt sie in eine Bouteille, gießt Essig auf und verfährt dann ganz so, wie es bei dem Artikel „Himbeeressig" angegeben wurde.

XXIII.

Speisezettel mit Berücksichtigung der Saisons entworfen.

A. General-Speisezettel für Gesunde.

Januar.

Sonntag. Reis- oder Grießsuppe. Rindfleisch mit Gurkensauce. Blaukraut mit Würsten. Kalbsbraten mit Selleriesalat oder Apfelcompot.

Montag. Banadelsuppe. Rindfleisch mit warmem Meerrettig. Schöpsenschlegel mit Kartoffeln.

Dienstag. Haferschleimsuppe. Rindfleisch mit Senf. Gebratener Hase mit Salat, beliebige Sauce oder Compot.

Mittwoch. Schwarze Brodsuppe mit gesottenen Würstchen oder verlorenen Eiern. Rindfleisch mit Zwiebelsauce. Wirsching mit Coteletten.

Donnerstag. Schinkenknödel in der Fleischsuppe. Rindfleisch mit rothen Rüben. Schweinbraten mit Endiviensalat.

Freitag. Fischsuppe. Amulette. Sauerkraut mit ganzen Schnecken in Häusern. Bayerische Dampfnudeln mit Creme. Karpfen in polnischer Sauce.

Samstag oder Sonnabend. Nudelsuppe mit einer alten Henne. Rindfleisch mit Kümmelsauce. Kalbs-Hachis oder von den Fleischresten der Woche.

Februar.

Sonntag. Braune Kraftsuppe. Rindfleisch mit Semmelkreen. Spanferkel mit Senf. Gebratene Wildenten mit Kartoffelsalat.

Montag. Traußsuppe. Rindfleisch mit Weißkraut. Gans, mit Kastanien gefüllt.

Dienstag. Butternockerl in der Fleischsuppe. Rindfleisch mit Sardellensauce. Fricando von Kalbfleisch.

Mittwoch. Endiviensuppe. Rostbeef mit kleinen Kartoffeln. Winterkohl mit Schweinskarbonaden.

Donnerstag. Leberknödel in der Fleischsuppe. Ochsenschweifragout. Gebratene Grammetsvögel, mit Citronen servirt. Beliebige Mehlspeise.

Freitag. Linsensuppe. Gebackener Hecht. Rahmstrudel. Biscuitauflauf.

Sonnabend. Wirschingsuppe. Boeuf à la mode. Gebratener Hase und Aepfelcompot.

März.

Sonntag. Kräutersuppe. Gebratenes Rindfleisch. Wildpretpastete. Kapaun mit Selleriesalat.

Montag. Fleckleinsuppe. Rindfleisch mit Kappernsauce. Rübenkraut mit Kalbsfüßen.

Dienstag. Reissuppe mit Parmesankäse. Lungenragout. Kalbsbraten mit Endiviensalat.

Mittwoch. Fleischsuppe mit Speckknödeln. Rindfleisch mit Kaunitzsauce. Kalbsnierenbraten mit Zwetschencompot.

Donnerstag. Nudelsuppe. Rindfleisch mit Senf. Spinat mit Eiern. Gebratener Kapaun und Pomeranzensalat.

Freitag. Erbsensuppe. Gebackene Karpfen. Stockfisch mit Sauerkraut. Strauben.

Sonnabend. Haferschleimsuppe. Rindfleisch mit gerösteten Kartoffeln. Eingemachtes Kalbfleisch und Semmelschmarren.

April.

Sonntag. Kräutersuppe mit Kalbsknochen. Rindfleisch mit kleinen Gurken. Gebackene Leber. Gebratener Lammsschlegel und italienischer Salat.

Montag. Eiergerstensuppe. Rindfleisch mit Kreen. Blaues Kraut mit Bratwürsten. Gebratene Lerchen oder Moosschnepfen.

Dienstag. Fleischsuppe mit böhmischen Knödeln. Rindfleisch mit Monatrettigen. Schinkenpastete.

Mittwoch. Griessuppe. Rindfleisch mit Kräutersauce. Lammbraten mit Salat.

Donnerstag. Nudelsuppe mit Henne. Kalbsschnitzel. Lungenauflauf.

Freitag. Suppe mit weißen Fischknödelchen. Gebackene Frösche. Sauerkraut mit Häring. Schmalznudeln und Compot.

Sonnabend. Brodsuppe mit Bratwürsten. Rindfleisch mit Spinat. Fleischpudding.

Mai.

Sonntag. Reissuppe. Rindfleisch mit Kräuterſauce. Wirſching mit gebackenem Hirn. Gebratener Rehziemer mit Salat oder Compot. Mandeltorte.

Montag. Fleiſchſuppe mit Grieskuödelchen. Hammelfleiſch mit Kartoffeln. Vanilleſtrudel.

Dienſtag. Kräuterſuppe. Rindfleiſch mit rothen Rüben. Spinat mit gebackenem Hirn. Tauben im Blute.

Mittwoch. Fleckleinſuppe. Rindfleiſch mit Zwiebelſauce. Junge gelbe Rüben mit grillirten Kalbszünglein.

Donnerſtag. Sauerampferſuppe. Rindfleiſch mit Senfſauce. Spinat mit gebackenem Lammfleiſche.

Freitag. Gebackene Erbſen in der Suppe. Gebackene Renken. Regenwürmer.

Sonnabend. Peterſilienſuppe. Rindfleiſch und weiße Rüben. Fiſchpudding.

Juni.

Sonntag. Spargelſuppe. Rindfleiſch mit Boraſch. Friçaſſirte junge Hühner. Rehbraten.

Montag. Butterknödelchen in der Suppe. Zuckererbſen mit Kalbskarbonaden. Schweinfleiſch mit Senf.

Dienſtag. Kräuterſuppe. Rindfleiſch als Boeuf à la mode mit kleinen Zwiebeln. Eingemachtes Kalbsfleiſch mit Karfiol.

Mittwoch. Reisſuppe. Rindfleiſch mit Kräuterſauce. Junge Kohlrabi mit gebackener Kalbsleber.

Donnerſtag. Hafergrütz ſuppe. Rindfleiſch mit

Borasch. Junge grüne Bohnen mit Hammelskarbo‑
naden.

Freitag. Krebssuppe. Frösche in Petersilien‑
sauce. Dampfnudeln mit Krebsbutter. Gebackene Fische.

Sonnabend. Kräutersuppe. Rühreier mit Schin‑
ken. Beefsteak mit Kopfsalat.

Juli.

Sonntag. Reissuppe mit jungen Hühnern. Rindfleisch mit frischen Kukumern. Junger Wirsching mit Bratwürsten. Rehbraten.

Montag. Abgetriebene Leberknödelchen in der Suppe. Rindfleisch mit Paradiesäpfelsauce. Junge weiße Rüben mit Gehirnbavesen.

Dienstag. Kartoffelsuppe. Rostbeef mit Kräu‑
tersauce. Eingemachte Hühner.

Mittwoch. Endiviensuppe. Rindfleisch mit Bo‑
rasch. Brechbohnen mit Hammelfleisch.

Donnerstag. Fleischsuppe mit Schinkenknödel. Rindfleisch mit Rettig und Gurken. Junger Wirsching mit Würsten.

Freitag. Grüne Erbsensuppe. Gedünsteter Hecht mit jungen Kartoffeln. Stockfisch, mit Butter abgeschmelzt. Beliebige Mehlspeise.

Sonnabend. Banadelsuppe. Junge weiße Rü‑
ben mit gebackenen Hühnern. Hollerküchel.

August.

Sonntag. Sauerampfersuppe. Rindfleisch mit Borasch oder Meerrettig. Pflückerbsen mit Karbona‑
den. Gebratene junge Enten mit Salat.

Montag. Suppe von gelben Rüben. Rindfleisch mit Rettigen. Artischocken. Gebratener junger Indian.

Dienstag. Fleischsuppe mit Schinkenknödel. Rindfleisch mit gedünsteten Gurken. Kalbspries mit Champignons.

Mittwoch. Brodsuppe mit Eiern. Rindfleisch mit Kreen. Zuckererbsen mit beliebiger Beilage.

Donnerstag. Wurzel- oder Kräutersuppe. Kohlrabi mit Karbonaden. Gebratene Wachteln.

Freitag. Durchtriebene Erbsensuppe mit Sellerie und andern Kräutern. Karpfen in schwarzer Sauce. Abgesottene Krebse. Beliebige Mehlspeise und Creme.

Sonnabend. Karfiolsuppe. Rindfleisch mit Meerrettig. Gebräuntes Kalbfleisch mit Speck und frischen Kräutern.

September.

Sonntag. Hühnersuppe. Rindfleisch mit Gurkensauce. Blaues Kraut mit Bratwürsten. Junge Hasen mit Sardellensauce.

Montag. Gerstensuppe. Rindfleisch mit Kaunitzsauce. Auf dem Roste grillirte junge Hühner. Specksalat.

Dienstag. Reissuppe mit Parmesankäse. Rindfleisch mit warmer Kräutersauce. Endiviengemüse mit Spießvögeln. Gedünstete Tauben.

Mittwoch. Kartoffelsuppe. Rindfleisch mit Borasch. Sauerkraut mit Wachteln. Gebratener junger Hase.

Donnerstag. Böhmische Knödel in der Suppe. Boeuf à la mode. Gebratener Hirschziemer mit Sauce.

Freitag. Chocoladesuppe. Brennender Pudding. Blau abgesottene Forellen.

Sonnabend. Geschnittene Nudelsuppe. Rindfleisch mit Sardellensauce. Gebackene Hühner und Citronencreme.

Oktober.

Sonntag. Reissuppe mit alter Henne. Rindfleisch mit Bohnensalat. Frikassirte Hühner. Junger gebratener Kapaun mit Salat.

Montag. Griesknödel in der Suppe. Rindfleisch mit sauren Kukumern. Lungenragout. Spinat mit gebackenem Lammfleisch.

Dienstag. Wirschingsuppe. Rindfleisch mit Zwiebelsauce und jungen Kartoffeln. Linsengemüse mit Rebhühnern.

Mittwoch. Banadelsuppe. Rindfleisch mit kalten Kreen. Weiße Rüben mit junger Gans.

Donnerstag. Gerstensuppe. Rindfleisch mit Senf. Reispudding. Wildbraten mit Krautsalat.

Freitag. Biersuppe. Sauerkraut mit gebackenen Eiern. Dampfnudeln. Geräucherter Huchen in der Buttersauce.

Sonnabend. Einbrennsuppe. Rindfleisch mit Sardellensauce. Weiße Bohnen mit Schweinskarbonaden.

November.

Sonntag. Nudelsuppe mit Kalbsknochen. Hachispastetchen. Englischer Braten oder Rostbeef. Gebratene Gans mit Sellerie-Salat.

Montag. Kartoffelsuppe. Boeuf à la mode. Endiviengemüse mit Kalbsschnitzel.

Dienstag. Fleischsuppe mit Butternockerl. Rindfleisch mit Paradiesäpfelsauce. Bayerische Rüben mit frischem Schweinfleisch.

Mittwoch. Griessuppe. Rindfleisch mit Senf. Blaukraut mit Kastanien und Bratwürsten.

Donnerstag. Panadelsuppe. Rostbeef mit kleinen Kartoffeln. Braun gedünstete Kalbsbrust.

Freitag. Weinsuppe. Rübenkraut mit gebackenen Eiern. Schleyen, in ihrem Blute gedünstet. Beliebige Mehlspeise.

Sonnabend. Traufsuppe. Rindfleisch mit Zwiebelsauce. Gebratene Schnepfen.

December.

Sonntag. Braune Jussuppe mit Butterknödelchen. Rindfleisch mit Paradiesäpfelsauce. Schwarzes Wildpret mit Sauce. Gebratener Indian mit Quittencompot.

Montag. Fleischsuppe mit Schinkenknödel. Rindfleisch mit Senf. Winterkohl mit Kastanien.

Dienstag. Hafergrützsuppe. Rindfleisch mit Kreen. Bayerische Rüben mit Schweinfleisch.

Mittwoch. Nudelsuppe mit Kalbsknochen. Rind-

fleisch mit kleinen eingemachten Kukumern. Krammetsvögel oder gebratener Hase.

Donnerstag. Kartoffelsuppe. Rindfleisch mit
Winterkräutersauce. Reispudding.

Freitag. Fastensemmelknödel im Erbsensude.
Stockfisch mit Sauerkraut. Fricassirter Hecht. Beliebige Mehlspeise, Auflauf oder Einbund.

Sonnabend. Eiersuppe. Boeuf à la mode.
Rehwildragout. Spanferkel mit Senf.

B. General-Speisezettel für an verschiedenen Krankheiten Leidende, nebst etlichen diätetischen Hauptregeln.

Die vorzüglichste und zweckmäßigste Hauptnah-
rung der Kranken bildet die Suppe, doch muß von
derselben sorgfältig alles darauf befindliche Fett entfernt werden. Der Kranke, so wie der Reconvales-
cent darf, selbst von der leichtesten Nahrung, auf einmal nur sehr wenig genießen. Den speciellen Speisezettel des Kranken kann und darf nur der Arzt ordnen und wir führen daher nur jene Gerichte und Getränke an, welche nach langen Erfahrungen sich bei
einzelnen Krankheiten gewöhnlich als ersprießlich be-
währten:

1. Bei Entzündungsfiebern reicht man:
In Wasser gekochten Hafer, Reis, Gerste, in
Wasser gekocht und mit etwas Zucker- und Citronensaft schmackhafter gemacht; Müße von Aepfeln, Weichseln 2c. ohne Gewürz bereitet, ferner: Endivienge-

müse, Schwarzwurzel und Spinat, ebenfalls ohne Gewürz und Eier gekocht. Als Getränke: Brodwasser und Wasser mit Citronensaft.

2. Bei **Faulfiebern** erhält der Kranke ausschließlich und insbesondere: Sauerampfersuppe und Gemüse; als Getränk: Alten Rheinwein, aber nur in geringen Gaben, löffelweise.

3. Den vom **Nervenfieber** Genesenden restaurirt man: mit Weinsuppen, leichtern Eierspeisen, Biscuittorte mit Wein und ebenfalls Wein in Zuckerwasser.

4. **Hämorrhoidalkranke** haben sich im Allgemeinen vor hitzigen Getränken und gewürzten Speisen zu hüten. Wohl zu statten kommen denselben: Gersten-, Banabel-, Kräuter- und andere derlei Suppen, Compote, Spargel, gelbe Rüben, Schwarzwurzeln, ganz feine Ragouts z. B. von jungen Hühnern 2c. Als Getränke: Schafgarnthee, Wasser mit Himbeeressig oder Weichselsaft.

5. Bei **Verstopfungen** sind zuträglich: Obstsuppen und insbesondere Compots, Kräutergemüse, feine Ragouts mit Citronensauce und Limonade.

6. Bei **Diarrhoeen** dagegen reicht man: schleimige, dick eingekochte Suppen; Mehlmüsse und Eierspeisen, aber ohne Milch; als Getränke: Gerstenaufguß.

7. In der **Bleichsucht** kommen dem Krankem wohl zu statten: Sehr nahrhafte Speisen und Getränke im Allgemeinen, keine Vegetabilien, nicht Obst noch Milchspeisen, dagegen kräftige Suppe, als

Eiergerste, Wein-, Bier-, Leber- und andere Suppen, als Gemüse vorzüglich Meerrettig, alle zarten Braten ꝛc.; als Getränke: Wasser mit Wein, etwas rother Wein, auch braunes Bier. Confecte und Bäckereien sind schädlich. Dasselbe gilt Alles auch für Diejenigen, welche an Scrofeln leiden.

8. Kranke, welche an Würmern leiden, müssen insbesondere fette Speisen, dann: Brod, Milch, Mehlspeisen, Butter und Kartoffeln meiden; dagegen befördern Sauerkraut, Schinken, Häringe u. dgl. den Abgang der Würmer.

9. Beim Blutspeien dürfen nur Speisen, welche kühlen und zwar ungemein mäßig genossen werden, vorzüglich schleimige Suppen und als Getränke leichte Mandelmilch und Limonade. Dasselbe gilt auch bei Katharrhen und mehr oder weniger bei allen Brustkrankheiten überhaupt.

Uebrigens sei es noch einmal wiederholt: des Kranken bester Küchenmeister bleibt der verständige und scharfbeobachtende Arzt und dessen Verordnungen müssen in diätetischer Hinsicht allein und streng befolgt werden.

XXIV.
Gemeinnützige und kurzgefaßte Tranchirkunst.

Bereits fertige Speisen vor dem eigentlichen Serviren geschickt zu zergliedern, zu zerlegen, d. h. in gehörige Stücke zu zerschneiden — darin besteht im Allgemeinen und Wesentlichen die Tranchirkunst, welche übrigens nur durch öftere Uebung erlernt werden kann. Das Zerlegen der Speisen wird in der Regel an einem Nebentische vorgenommen und dann die zerlegte Speise, in der Schüssel oder auf der Platte zierlich geordnet, den Gästen präsentirt.

Zur Ausübung dieses nöthigen und nützlichen Geschäftes ist erfoderlich: eine gewandte und feste Hand, die Gelenke ordentlich zu treffen, nach gewissen Regeln die Gabel anzusetzen, und mit dem Messer die Ober- und Unter-, so auch die Kreuz- oder verkehrten Schnitte geschickt zu machen; ferner die nöthige Vorsicht, die Stücke beim Zerschneiden nicht unbedachtsam in die Schüssel fallen zu lassen, und dadurch sich selbst, oder wenn das Tranchiren etwa an der Tafel geschehen sollte, das Tischtuch und die Kleider der Gäste zu beschmutzen; den Speisen nicht mit bloßen Händen zu nahe zu kommen, oder diese mit Fett zu beschmieren; das Geschnittene in der Schüssel geschmackvoll zu ordnen und sodann anständig vorzulegen.

Die Regeln des Tranchirens umfassen die vortheilhafte und nöthige Führung des Messers bei Schnitten, bei Umwendung des ganzen Stückes, und bei Ablegung der davon gelösten Theile.

Vor allen Dingen soll man bei den Schnitten die Vortheile wissen, wo die Stärke und Schwäche eines Messers zu suchen ist, wozu folgende Bemerkungen dienen mögen. Je näher man bei dem Hefte das Messer ansetzt, desto stärker ist es. Wer das Gelenk bei einem Geflügel treffen will, der muß das Messer an dem vermuthlichen Orte, weil er den Zusammenwuchs von Außen nicht sehen kann, mit der Stärke seiner Klinge, sohin nahe am Hefte, ansetzen, und dasselbe versuchend hin und her bewegen, bis er das Messer zwischen das Gelenke hineinbringt.

Zu diesem Schnitte, so wie auch, wenn man gerade vor sich hin etwas zerlegen will, fasse man das Messer mit dem Zeigfinger und Daumen dergestalt, daß das Heft an dem Ballen der Hand aufliegt, und der Rücken des Messers unter dem Zeigefinger in einer geraden Linie steht; oder man faßt das Messer mit voller Faust in der Art an, daß das Ende des Heftes an den kleinen Finger zu liegen kommt, und sich oben der Daumen um das Messer herumschließt, was in dem Falle geschieht, wenn man oben den Schnitt gerade vor sich hin zu führen hat; will man aber von unten aufwärts gegen sich schneiden, so wird zwar das Messer eben so, aber nur mit gewendeter Hand gehalten, so, daß die Schärfe oder Schneide des Messers gegen den Leib gekehrt ist.

Bei den besten und üblichsten Umwendungen eines ganzen Stücks, z. B. eines Indians, Kapauns u. s. w. schlägt man entweder um das ganze Heft des Messers die vier Finger, daß der Daumen unter das Messer gehalten werde, und die flache Hand unten gekehrt, wendet auch wohl die Spitze des Messers gerade nach seinem Leibe, oder man hält das Messer ganz niedrig und zwar inwendig an das Huhn, oder dergleichen, und wendet dieß auf solche Art um; oder man setzt das Messer auswendig an, daß die Spitze niedrig steht, und wendet so das Stück zu sich.

Die Ablegung der Theile hingegen hat auf folgende Weise zu geschehen: Man nimmt das Messer ganz in die Hand, daß die Spitze desselben gegen den Leib gekehrt ist, so kann man ein bereits abgelöstes Stück bequem ablegen; oder man legt den Zeigefinger auf die Klinge des Messers, daß der Rücken desselben gegen den Leib gewendet ist; oder man spießt das bereits gelöste Stück mit der Spitze des Messers an, und dreht es ein wenig herum, bis es losgeht; oder man stößt mit der Spitze des Messers auf das gelöste Stück, doch so, daß die Spitze niedrig gehalten wird, auf welche Art gewöhnlich die Beine an Gänsen, Enten und dergleichen Geflügel abgelöst werden; oder man legt das Messer in das abgelöste Stück, und biegt es also zu sich.

Auf welche Weise die verschiedenen Gegenstände zerlegt werden sollen, ist entweder durch mündliche Belehrung von Seite eines mit dieser Geschicklichkeit vertrauten Mannes sich eigen zu machen, der die Sache gleich praktisch zeigt, oder man nimmt hiezu besonders verfertigte Zeichnungen zur Hand, wo die Einschnitte durch numerirte Linien angedeutet sind, oder hölzerne Modelle oder mit Draht zusammengeheftete Gerippe, an denen man die Zusammenfügungen der Gelenke ersehen kann. Wer Gelegenheit hat, einen geschickten Tranchirer oft aufmerksam bei seiner Verrichtung beobachten zu können, kann es vom bloßen Zuschauen erlernen, und wird dann durch einige Uebung bald auch mit den nöthigen Handgriffen bekannt.

In frühern Zeiten hat es künstlichere Tranchirer gegeben, als jetzt; zu ihren gewöhnlichen Kunststücken wurde es gezählt, wenn einer mit der Gabel eine Gans anfaßte, und frei in der Luft zerlegte, ohne einen Teller zu berühren, oder wenn er sie so zerlegte daß sie darnach wie unzerschnitten aussah, und auf einen einfachen Druck erst in ihre Theile zerfiel. Gewöhnlich verstanden sie sich auch auf die Kunst des Tafeldeckens, Servietten zu brechen, und in allerlei Figuren auf das Gedeck zu legen, dergleichen auch aus Früchten zu schneiden u. s. w.

Reinlichkeit des Anzuges, und vorzüglich der Hände, mit denen er unter keinen Umständen das berühren darf, was er zerlegt, ist eine Hauptsache für einen Tranchirer; auch muß er eine starke Gabel mit zwei Spitzen haben, an welcher, wo das Heft beginnt, ein kleiner aufwärts gewölbter Schild angebracht seyn muß, um sich gegen Verwundung zu schützen, wenn ihm das Messer bei einem Schnitte, wobei die Schneide gegen den Leib gekehrt ist, zufällig ausgleiten sollte. Das Messer muß einen gewichtigen Griff, und eine lange, schlanke und scharf schneidende Klinge haben. Ein Tranchirteller von sehr hartem Holze, mit einer gleichmäßig ebenen Fläche, und so schwer, daß er nicht leicht sich verrücken läßt, übrigens äußerst reinlich gescheuert, ist sehr zweckmäßig; neben demselben müssen das Messer und die Ga=

bel, zum Tranchiren bestimmt, auf einem besondern Teller liegen.

Es ist schicklich, die Gegenstände zuerst ganz auf die Tafel zur Ansicht zu stellen, und dann erst auf den Nebentisch zum Tranchiren zu bringen, was auch mit der gehörigen Schnelligkeit geschehen muß, damit die Speisen nicht erkalten. Bevor man zu tranchiren anfängt, befestigt man eine reine Serviette im obersten Knopfloche des Rockes, um durch die Besorgniß sich zu beschmutzen, nicht gestört zu werden.

1. Rindfleisch.

Hier, wie fast bei allen Fleischarten ist es eine Hauptregel, daß das Fleisch immer quer über den Faden geschnitten werde, um das Zerreißen in Fasern zu verhüten. Das Rindfleisch, besonders wenn es ein Tafelstück ist, wird in halb fingerdicke Schnitze geschnitten, und auf die Schüssel so gelegt, daß die Fettseite in die Höhe zu stehen kommt.

2. Kalbfleisch.

a) Kalbskopf.

Man macht einen Querschnitt über die Hirnschale, löst diese auseinander, legt mit einem silbernen Löffel das Gehirn auf einen Teller, streuet Salz- und Pfeffer darauf und reicht es herum. Die Ohren und das Fleisch an den Backen des Kopfes werden stückweise weggeschnitten, und die übrige Haut in drei fingerlange und eben so breite Streifen; die Zunge wird gleichfalls in kleine Schnitten zertheilt, dann Alles wieder in die Schüssel, worin die Sauce ist, gelegt, und in die Mitte derselben die ausgestochenen Augen.

b) Kalbsbrust.

Ist sie gefüllt, was gewöhnlich der Fall ist, so muß man Acht haben, sie nicht mit dem Messer herauszudrücken. Da, wo die Rippen an die Knorbeln stoßen, wird der ganze Kranz weggeschnitten, und nach den Gelenken in einzelne Theile zerlegt. Dann schneidet man Rippe für Rippe so ab, daß an jeder auch die Fülle nebst dem Oberfleisch hängen bleibt. Auf der Schüssel muß neben einer Rippe immer auch ein Knorbelstück zur Auswahl für die Gäste liegen.

c) Nierenbraten.

Vor Allem werden die Nieren weggeschnitten, in dünne Scheiben zerlegt, und herumgereicht, so lange sie noch warm sind. An jeder Rippe muß auch ein Rückgratknochen bleiben.

d) Kalbsfeule (Kalbsschlegel).

Das Fleisch wird nach der Länge zu beiden Seiten von dem Rohrbeine abgelöst, und quer über den Faden in messerrückendünne Scheiben geschnitten.

3. Schweins-, Lamms- und Schöpfenbraten

werden wie Kalbsbraten tranchirt, jedoch nur in Schnitten, die dicker sind, als der Rücken eines Messers, und nicht breiter als drei Finger.

4. Geflügel, zahmes und wildes.

Geflügel, welches die Größe einer Gans oder Ente hat, nämlich: Hühner, Kapaunen, wilde Gänse und Enten, Fasanen u. dgl. werden auf gleiche Art zerlegt, weil es immer besser aussieht, wenn von einem Geflügel vielerlei Theile zur Auswahl in der Schüssel liegen, sogenannte Appetitschnitzchen.

Man setzt nämlich die Gabel an der Brust an, schneidet die Vorder- und Hinterbügel ab; letztere werden bei ihrem Gelenke, das man durch einen Einschnitt leicht findet, noch einmal zerlegt; hierauf macht man aus der Brust auf beiden Seiten dünne Schnitte, die man bei den Gänsen Pfaffenschnitze nennt, löset das Brustbeinchen in der Nähe des Halses ab, schneidet dann den großen Brustknochen rechts und links von den Rippen weg, macht aus dem Rückgrat zwei bis drei Theile und spaltet endlich das Hintertheil ebenfalls in zwei oder drei Theile.

Ist es ein Geflügel, bei welchem der Kopf und Hals bleibt, welcher letztere auch oft gefüllt ist, so schneidet man den Kopf ab, und den Hals in zwei oder drei kleine Stücke.

Bei Wildgänsen und Wildenten bleiben zwar Kopf und Hals daran, werden aber nicht gespeiset; an einigen Orten werden die Keulen von den Indianen und das Gerippe nicht tranchirt, sondern weggetragen; so auch Magen, Leber, Hals, Flügel und Füße, und zu einem eingemachten Gerichte verwendet.

Wie die Hühner tranchirt man auch: Waldschnepfen, Repp-, Hasel-, Auer- oder Birk-

hühner; der Länge nach einmal von einander ge=
schnitten werden: Krammetsvögel, Drosseln,
Schnepfen; geviertheilt: Tauben; gar nicht
tranchirt: Lerchen und Wachteln.

5. Spanferkel.

Damit die Haut räsch bleibt, welche das beste
an dieser Speise ist, muß das Tranchiren schnell ge=
schehen. Schon in der Küche wird ein tiefer Schnitt
in das Genick gemacht. Bei diesem Einschnitt macht
man bei dem Tranchiren den Anfang, indem man den
Kopf abschneidet, und diesen in der Mitte spaltet,
wenn man zuvor so viel Haut, als man mit dem
Messer erreichen kann, weggeschnitten hat. Das Hirn
wird mit Salz und Pfeffer bestreut, und mit den übri=
gen Kopftheilen besonders herum gereicht. Das Fer=
kel wird dann der ganzen Länge nach auseinanderge=
schnitten; dann löset man die beiden Vorder= und Hin=
terschenkel ab, zerlegt jeden bei dem Gelenke in zwei
Theile und schneidet von den übrigen beiden Seiten
lauter zweifingerbreite Stücke. Die Stücke müssen in
der Schüssel so liegen, daß die Haut oben ist.

6. Wildpret.

a) Rehschlegel.

Wird zerlegt, wie eine Kalbskeule. Auf der
Schüssel muß die gespickte Seite oben liegen.

b) Rehrücken.

Das Fleisch wird an beiden Seiten von dem Rück=

gratbeine abgelöst, und nach der Quere in gleiche, halbfingerdicke Schnitze geschnitten.

c) Hase.

Der Rückgratswirbel wird in schiefer Richtung, und zwar vom Halse gegen das Schlußbein oder den Steiß hin durchschnitten. Nun sieht man, wo die Rückgratsknochen zusammenhängen, und kann die Gelenke leicht durchschneiden, indem man mit dem Messer eine sägeförmige Bewegung macht. Hat man aus dem Rücken 4 bis 6 gleiche Stücke geschnitten, so setzt man das Messer gerade über den Schenkelknochen sägeförmig ein, wodurch man die Keulen leicht ablöst, welche dann am Kniegelenke wieder zerlegt werden; das Stoßbein wird auch gespalten.

d) Hirschrücken (Hirschziemer).

Wie Rindfleisch. Die Einschnitte müssen in schräger Richtung geschehen, damit die Stückchen, da dieser Braten sehr mürbe ist, nicht auseinander fallen.

e) Schwarzwild.

Wie beim Kalbsschlegel wird auch hier das Fleisch der Länge nach von dem Rohrbeine abgelöst, und stets quer über den Faden in schöne Scheiben, etwa so dick, wie ein Messerrücken, geschnitten.

f) Wildschweinskopf.

Vom Halse abwärts muß man große dünne Scheiben schneiden.

7. Schinken.

Der Schinken wird schon mit rückwärts aufgerollter Haut aufgetragen, und die Fettdecke auf allerlei Art verziert. Sind diese Verzierungen mit dem

Messer abgestreift, so schneidet man am Ende das Schwarze vorn länglich rund weg, und dann dünne Blätter, so daß an jedem etwas Fett bleibt, in der Form eines halben Mondes; so fährt man fort bis aufs Bein, und macht es auf der andern Seite auch so.

Ist der Schinken sehr fett, so schneidet man in der Mitte ein eiförmiges Stück heraus, und höhlet den Schinken in der Gestalt eines halben Mondes aus.

8. Würste.

Salamiwürste werden dünn wie Papier geschnitten, Cervelat= und andere Würste bis zur halben Fingerdicke, aber alle Sorten in schräger Richtung, nicht quer durch.

9. Fische.

Große Fische, welche ganz auf die Tafel kommen, werden eigentlich nicht zerlegt; sondern sie müssen mit einem schneidenden Tranchirlöffel versehen seyn, welcher die Form hat, wie eine Maurerkelle, und gewöhnlich von Silber ist. Jeder Gast sticht damit ein nach Belieben größeres oder kleineres Stück von der Seite des Fisches weg, und legt es auf seinen Teller.

Um aber dieß dem Gaste zu erleichtern, wird mit eben dieser Fischkelle zuvor vom Kopfe an bis zum Schweife in gerader Linie ein Einschnitt gemacht, und so auch an jeder Seite, der Länge nach, vom Kopfe bis zu den Schweifflossen.

Alphabetisches Register.

A.
	Seite.
Aale blau abgesottene	91
Aale gebraten	91
Aepfelauflauf mit Arrac	132
Aepfelcompot	81
Aepfelcompot gestürztes	82
Aepfelküchel	112
Aepfelkuchen	117
Aepfelmuß	130
Aepfelschnitten	113
Aepfelschnitze getrocknete	83
Aepfelstrubel	104
Aepfelsulze	168
Aepfeltorte	151
Amulet	100
Anisküchlein	155
Aniskuchen	120
Aprikosencompot	83
Artischoken	47
Aspic	166
Aspic mit Schinken	167
Aspics und Sulzen	164—168
Aufläufe	128—134
Austern, frische, gebraten	99
Austernpastetchen	147

B.
Banabel-Fasten-Suppe	26
Banabelsuppe	17
Bauernküchel	113
Bayerische Rüben	42
Beefsteaks	31
Bertram-Essig	181
Bier (Braun-) Suppe	25
Bier (Weiß-) Suppe	24
Birncompot	82
Bischof	175
Biscuitauflauf	133
Biscuite	154
Biscuittorte	147
Blaukraut	39

	Seite.
Blumenkohl mit Buttersauce	43
Blumenkohlsuppe	15
Blutwürste	52
Boeuf à la mode	31
Böhmische Knödel	21
Bohnen	45
Bohnensalat	78
Borasch	37
Braten verschiedene	67—70
Bratwürste	51
Brennsuppe	23
Brodsuppe	23
Brodtorte	149
Bröseltorte	152
Brünellencompot	83
Brustbraten (Kalbs-)	67
Butternockerl	18
Butternudeln	103
Butterteig geblätterter	135
Butterteig gewöhnlicher	134
Butterteig mürber	135
Butterteige und Pasteten	134—145

C.
Caffeebrod	159
Caffeecreme	161
Cardinal	175
Cervelatwürste	54
Chaubeau Wein-	177
Chocolade Wein-, Milch-, Wasser-	178
Chocoladecreme	161
Chocolademuß	130
Chocoladesuppe	25
Chocoladestrubel	104
Chocoladetorte	148
Citronenauflauf	132
Citronenkuchen	122
Citronenmuß	129

	Seite.
Citronenmuß aufgebranntes	130
Citronen- oder Orangencremen	160
Citronensulze süße	169
Compots	81—85
Côteletten Kalbs-	48
Côteletten von Schweinfleisch	48
Côteleten von Schaffleisch	49
Cremes verschiedene	160—164

D.

Dampfnudeln bayerische	105
Doppennudeln	107
Doppenkuchen	122

E.

Eier eingerührte	101
Eier gebackene	100
Eier gefüllte	101
Eier harte mit Kreen	101
Eier harte mit Senf	102
Eier in Schmalz	100
Eierkäse	102
Eier-, Milch- und Mehlspeisen	100—110
Eiermuß	129
Eiersuppe	23
Eier weich gesottene	100
Endiviengemüse	44
Endiviensuppe	15
Enten gebratene	71
Enten mit Kappernbrühe	63
Enten wilde, gebratene	74
Erbsen gebackene	27
Erbsengemüse	45
Erbsensuppe	22
Essige zu bereiten	181

F.

Farce zur Pastete	136
Fasanen gebratene	73
Fasten-Semmelknödel	27
Feldbohnen	41

	Seite.
Fische gesulzte	166
Fischen den moderichten Geschmack zu benehmen	85
Fische u. dgl.	85—99
Fischknödelchen weiße	28
Fischotter	99
Fischpastete	139
Fischpudding	127
Fischrogensuppe	26
Fischsuppe	24
Fleckleinsuppe	14
Fleischpudding	125
Fleischsuppe gewöhnliche	11
Forellen blau abgesottene	89
Forellen in der Butterbrühe	90
Fricandeaur	57
Frösche gebackene	97
Frösche in Sauce	98
Früchte einzusieden und einzumachen	170—173

G.

Gänse gebratene	71
Gänsegeräusch	64
Geflügel gebratenes, zahmes und wildes	70—77
Geflügel gedünstetes	62—67
Gehirnbavesen	49
Gehirn gebackenes	49
Gekröse Kälber-	58
Gelbe Rüben	41
Gelées und Aspics	164—170
Gemüse	37—48
Gemüseauflagen u. Würste	48—55
Gersten- (geriebene) Suppe	14
Gerstenschleim	180
Getränke, kalte und warme	173—180
Glühwein	174
Grieskncdel	21
Griesmuß	128

	Seite.
Grießschmarren	109
Grießsuppe	11
Grog	178
Gurkensauce	35

H.

Haarnadeln	154
Hachis Kalbs-	60
Hachispastetchen	145
Haferschleim	180
Haferschleimsuppe	17
Hagebutten- und Wein-beer-Compot	83
Hagebutten einzumachen	172
Hammelfleischragout	59
Hammelwürste	53
Häringe mit Sauce	96
Häringsalat	79
Häringsauce	34
Hasenbraten	70
Hasenohren	111
Hausen	94
Hecht fricassirt	88
Hecht gebraten	87
Hecht gedünstet mit Sardellen	88
Hecht mit Citronensauce	89
Himbeer-Essig	181
Hirschwildpret	66
Hirschziemer mit Kruste	66
Hobelspäne	158
Holundercompot	84
Holderküchel	112
Holippen	156
Hopfensalat warmer	78
Huchen	94
Hühner fricassirte	62
Hühner gebratene	70
Hühner im Blute gedünstet	63
Hühner mit Champignons	62
Hühnerpastete	139

J.

Indian gebratener	72

	Seite.
Johannis- oder Weinbeeren einzusieden	170
Jussuppe	12

K.

Kabeljau	92
Kaiserauflauf	133
Kaiserpastete	144
Kaiserthee	177
Kalbfleisch eingemachtes	55
Kalbfleisch gebräuntes	56
Kalbfleisch mit Sardellen	56
Kalbfleischpastete	141
Kalbsfüße	50
Kalbskopf	58
Kalbsleber	50
Kalbsleber geröstet	59
Kalbspriese	58
Kalbschnitzel	58
Kalbszungen	51
Kalte Pastete	144
Kaltschale Wein-	179
Kapaunen gebratene	71
Kappernsauce	35
Kapuzinerblumen	80
Kapuziner versoffene	114
Karbonaden	48
Karfiol	43—44
Karfiolsalat	80
Karfiolsuppe	15
Karmel-Creme	163
Karpfen abgesotten	85
Karpfen gebacken	86
Karpfen gebraten	87
Karpfen in brauner Sauce	86
Kartoffelbrei	38
Kartoffelgemüse	37
Kartoffelknödel	21
Kartoffelkuchen	120
Kartoffel mit saurem Rahm	38
Kartoffelnudeln	106
Kartoffelpudding	126
Kartoffelsuppe	16

	Seite.		Seite.
Käsekuchen	122	Linsengemüse	46
Käsknödelchen	28	Linsensuppe	22
Kaunitzsauce	37	Linzer-Torte	151
Kindsmuß	128	Lungenauflauf	133
Kindsmußauflauf mit Vanille	131	Lungenragout	55
M.			
Kirschenkuchen	119	Macronen	154
Knödel (Klöße) Fasten-	27—29	Mandelbögen	153
Knödel (Klöße) Fleisch-	18—21	Mandelcreme	161
Kohlrabi	41	Mandeln geröstete	158
Kolatschen	115	Mandelkreen	36
Kraftsuppe	12	Mandelmilch	176
Krambamboli	179	Mandeltorte	150
Krammetsvögel	76	Maulbeeressig	181
Kräuteressig	181	Mehlschmarren	108
Kräutersauce	33	Mehlspeisen a. d. Schmalze oder in der Röhre gebacken	110—117
Kräutersuppe	14		
Krautsalat warmer	78		
Krebsknödelchen rothe	28	Milchspatzen	110
Krebspastetchen	146	Milchsuppe	24
Krebspastete	140	Milzwürste	53
Krebspudding	126	Müse u. Aufläufe	128—134
Krebsragout	97	**N.**	
Krebsstrudel	104	Nicus	174
Krebssuppe	22	Nierenbraten Kalbs-	67
Krebse zu sieden	96	Nonnenkrapfen	157
Kreen kalter	36	Nudeln gestutzte	106
Kuchen verschiedene	117—123	Nudelsuppe	12
Kuheiter	60	**O.**	
Kugelhopf	115	Ochsenaugen	100
Kümmelsauce	34	Ochsenfuß und Maul	62
Kuttelflecke	61	Ochsengaumen	60
L		Ochsenschweif	60
Lachs	94	Ochsenzunge	61
Lammbraten	68	Orangeade	177
Laverban	93	Orangenauflauf	132
Leberknödel	20	Orangensalat	81
Leberknödel (abgetriebene)	20	**P.**	
Leberwürste	51	Paradiesäpfelsauce	35
Lendenstück	33	Pastetchen, kleine	145—147
Lerchen	76	Pasteten und Butterteige	134—145
Limonade	177		

	Seite.
Pastetenfertigung im Allgemeinen	137
Pflaumenkuchen	118
Pflückerbsen	45
Picklinge mit Eiern	95
Pomeranzensalat	81
Puddings	123—128
Pudding brennender	127
Pudding englischer mit Chaudeau	123
Punsch, Punsch-Royal, Eier-Punsch	173 u. 174
Punschtorte	150

Q.

Quittencompot	84
Quitten einzumachen	172
Quittenkuchen	122
Quittensulze	169

R.

Ragouts u. dgl.	55—62
Rahmstrudel	103
Rahmtorte	153
Regenwürmer	107
Rehbraten	69
Rehziemer mit Kruste	66
Repphühner	76
Reisauflauf feiner	131
Reispastetchen	146
Reismuß	129
Reispudding	125
Reisschleim	180
Reisstrudel	103
Reissuppe	13
Rindfleisch zu bereiten	29—33
Rindfleisch in der Braise	32
Rindfleisch saures	33
Rindfleisch zu sieben	30
Roll-Gerste	17
Rostbeef	32
Rostbraten	31
Rübenkraut	46

	Seite.
Rübensalat süßer	81
Russischer Creme	162

S.

Salamiwürste	54
Salat grüner	78
Salat italienischer	79
Salate warme und kalte	77—81
Salm	93
Sandtorte	148
Sardellensauce	34
Saucen kalte	36—37
Saucen warme	33—36
Sauerampfersuppe	15
Sauerkraut	38
Schafcoteletten	49
Schellfische	95
Schinkenknödel	19
Schinkenpastete	142
Schlegelbraten Kalbs-	67
Schleyen in ihrem Blute gedünstet	95
Schmalznudeln	110
Schnecken in ihren Häusern	98
Schneckennudeln	116
Schneckensalat	79
Schneeballen	114 u. 164
Schneegans gebratene	74
Schnerfen gebratene	75
Schöpsenbraten	68
Schöpsenbraten mit Gurken	68
Schwämme	47
Schwartenmagen	53
Schwarzwurzel	44
Schweinsbraten	69
Schweinskopf gesulzter	164
Swibs oder gesulzter Chaudeau	170
Selleriesalat	80
Semmelkreen	36
Semmelmuß	128

	Seite.
Semmelschmarren	109
Spanferkel gebratenes	69
Spanische Winde	157
Spargel	43
Spargelsalat	80
Speckknödel	20
Speckkuchen	121
Specksalat warmer	77
Speisezettel für Gesunde	182—190
Speisezettel für Kranke	190—192
Spinat	42
Steckrüben	42
Stockfisch mit Butter	92
Stockfischpastete	141
Stockfisch zum Sauerkraut	92
Stockfisch zu wässern	91
Strauben	111
Sulzen u. Aspics	164—170
Suppen Fasten=	22—26
Suppen Fleisch=	11—18

T.

Talken	117
Tauben gefüllte	72
Tauben im Blute	63
Torten und Zuckerbackwerk	147—160
Tortletten	153
Tranchirkunst kurzgefaßte	192—203
Traußsuppe	18
Thyroler=Brod	159

U.

Ulmer Brod	155

V.

	Seite.
Vanillecreme	163
Vanillestrudel	104
Vin brûlé	176

W.

Wachteln	77
Waffeln	116
Wasserspatzen	109
Weichselkuchen	119
Weichselsulze süße	168
Weincreme	162
Weinsuppe	25
Weißkraut	39
Weiße Rüben	42
Wespennester	116
Wiener=Kuchen	118
Wiener=Torte	152
Wildpret gedünstete	62—67
Wildpretpastete	142
Wildpret schwarzes	65
Winterkohl	40
Wirsching	40
Wirschingsuppe	15
Wollwürste	52
Wurzelsuppe	15

Z.

Zimmttorte	148
Zuckererbsen	44
Zwetschencompot	83
Zwetschen einzumachen	171
Zwetschen gebackene	114
Zwetschenkuchen	118
Zwiebelkuchen	121
Zwiebelsauce	34

Druck von Matthäus Pössenbacher.